D1935365

Johannes Leinert

Betriebliche Altersvorsorge: Automatik statt Zwang

Warum das Opting-Out-Modell besser ist

Deutsches Institut für Altersvorsorge

Impressum

Herausgeber:
Deutsches Institut für Altersvorsorge GmbH, Köln, (Eigenverlag),
Hohenstaufenring 29 – 37, 50674 Köln,
Telefon (0221) 92394-0 · Telefax (0221) 92394-9
Internet: www.dia-vorsorge.de · E-Mail: info@dia-vorsorge.de

Autor: Johannes Leinert

Gesellschafter: Deutsche Bank AG, Deutsche Bank Bauspar AG,
DWS Holding & Service GmbH, Deutscher Herold AG
Kooperationspartner: Deutsche Bank Privat- und Geschäftskunden AG

Gestaltung + Produktion: TZ-marketing · Krefeld · www.tz-marketing.com

Die Broschüre kann gegen eine Schutzgebühr von 10 Euro beim Herausgeber unter www.dia-vorsorge.de, per E-Mail info@dia-vorsorge.de oder per Fax (02 21) 92 39 4-9 bezogen werden.

Deutsches Institut für Altersvorsorge (Hrsg.),
Betriebliche Altersvorsorge: Automatik statt Zwang
Warum das Opting-Out-Modell besser ist

Köln 2005
ISBN 3-934446-25-6

Dieses Buch wurde umweltfreundlich auf 100-prozentig chlorfrei gebleichtem Papier gedruckt.

Inhaltsverzeichnis

Automatisierte Entgeltumwandlung - Eine Alternative zur Vorsorgepflicht
Geleitwort

Um gleich zu Beginn erst gar keine Illusionen aufkommen zu lassen: Ein Wundermittel für die Alterssicherung ist auch Kapitaldeckung nicht. Angesichts der demografischen Entwicklung lassen sich die Einkommen der Rentner aus volkswirtschaftlicher Sicht nur auf hohem Niveau halten, wenn im Vergleich zum Einkommen der aktiven Generation mehr Geld aus dem laufenden Volkseinkommen zur Verfügung gestellt wird – gleichgültig ob in einem kapitalgedeckten oder umlagefinanzierten System. Die steigende Lebenserwartung führt in beiden Systemen dazu, dass die vorhandenen Mittel über eine längere Rentenphase gestreckt werden müssen; bei gegebenen Beitragszahlungen sinken die monatlichen Rentenleistungen also in jedem Fall. Auf die geringen Geburtenraten reagieren die Systeme dagegen unterschiedlich. Während im Umlageverfahren durch die abnehmende Zahl der Beitragszahler unmittelbar die „Rendite" sinkt, lässt sich im Kapitaldeckungsverfahren der demografisch bedingte Renditeverlust begrenzen, indem das Kapital in Ländern mit einer günstigeren demografischen Struktur angelegt wird – allerdings um den Preis eines noch höheren Volatilitäts-Risikos als im Inland.

Dennoch ist es richtig und wichtig, die private und betriebliche Altersvorsorge auszubauen. Erstens ist es unter dem Gesichtspunkt der Risikostreuung unsinnig, einseitig auf ein einziges System zu setzen, gleichgültig ob umlagefinanziert oder kapitalgedeckt. Angesichts des momentanen Übergewichtes der umlagefinanzierten Rentenleistungen ist eine Stärkung der kapitalgedeckten Elemente geboten. Zweitens ist es wünschenswert, die Bürger jenseits eines sozialstaatlich erwünschten Mindest- oder Standard-Rentenniveaus nicht zu einer bestimmten Art und Weise der Alterssicherung zu zwingen. Ein Umlageverfahren kann aber im Gegensatz zu kapitalgedeckten Systemen nur über staatlich organisierte Pflicht funktionieren. Deswegen ist – drittens – eine Bereitstellung vermehrter Ressourcen für die Gesamtheit der Alterssicherungssysteme durch einen Ausbau der kapitalgedeckten Komponenten politisch besser durchsetzbar als ein Ausbau der Umlagefinanzierung.

Allerdings hat sich bislang gezeigt, dass in Deutschland trotz milliardenschwerer Förderung der Ausbau der zusätzlichen Altersvorsorge nur zögerlich anläuft – und dass von den verbesserten Möglichkeiten zur betrieblichen Altersvorsorge vor allem diejenigen Personengruppen Gebrauch machen, die ohnehin schon überdurchschnittlich gut versorgt sind. Deswegen ist die automatisierte Entgeltumwandlung – aber mit der Möglichkeit, sich auch dagegen zu entscheiden – ein so vielversprechendes Modell: Sie führt nicht nur bei voller Wahlfreiheit für oder gegen zusätzliche Altersvorsorge zu hohen Teilnahmequoten. Sie bezieht auch insbesondere diejenigen Personengruppen ein, die bislang nur selten zusätzlich für das Alter vorgesorgt haben. Die Vorsorgepolitik sollte sich daher nicht scheuen, durch verbesserte rechtliche Rahmenbedingungen die automatisierte Entgeltumwandlung zu unterstützen. Sollte das nicht gelingen, ist eine Pflicht zur Zusatzvorsorge wohl unvermeidbar. Das wäre kein Unglück, aber würde im politischen Prozess länger dauern und würde dadurch viele Menschen ohne Zusatzvorsorge dastehen lassen.

Uni.-Prof. Dr. Gert G. Wagner
Forschungsdirektor am DIW Berlin

1. Altersvorsorge muss sein – Zwangssparen nicht

Die Zahlen liegen seit langem auf dem Tisch: Die Lebenserwartung steigt, die Zahl der Geburten sinkt, die Bevölkerung altert. Während heute 56 Rentner auf 100 Erwerbstätige kommen, wird sich dieses Verhältnis schon in wenigen Jahrzehnten auf 80 bis 95 Rentner pro 100 Erwerbstätige erhöhen.[1] Dass es angesichts dieser Entwicklung in der gesetzlichen Rentenversicherung zu offenen und versteckten Kürzungen des Rentenniveaus kommen musste, war unvermeidlich. Die Nullrunden der Jahre 2004, 2005 und – voraussichtlich – 2006 bei den Rentenanpassungen unterstreichen: Eine Lebensstandardsicherung kann künftig nur noch mit zusätzlicher Altersvorsorge erreicht werden.

Um private und betriebliche Altersvorsorge zu fördern, hat der Gesetzgeber mit Einführung der Riester-Rente und des Rechts auf Entgeltumwandlung bereits eine milliardenschwere Förderung freiwilliger Altersvorsorge beschlossen. Der Erfolg ist allerdings noch mäßig: Der Verbreitungsgrad bei der Riester-Rente ist vergleichsweise gering.[2] Zudem scheint das Potenzial bald ausgeschöpft zu sein.[3] Bei den Betriebsrenten entwickeln sich die Teilnahmequoten etwas dynamischer, der Zuwachs konzentriert sich aber auf genau diejenigen Bevölkerungsgruppen, die ohnehin schon zu den besser abgesicherten Personenkreisen gehören.[4]

1 Vgl. Börsch-Supan (2004: 2).

2 So sind von den rund 35 Mio. Anspruchsberechtigten bis zum 30.06.2005 erst rund 4,5 Mio. Riester-Verträge abgeschlossen worden, vgl. Bundesministerium für Gesundheit und Soziale Sicherheit (2005).

3 Nach dem DIA-Rentenbarometer liegt der Anteil der „Riester-Willigen“ unter den 18- bis 65-Jährigen bei 8 Prozent. Vgl. Deutsches Institut für Altersvorsorge (2005, Hrsg.: 5).

4 Vgl. Leinert (2003: 14, Tab. 11).

Was also tun, wenn eine höhere Breitenwirksamkeit der Zusatzvorsorge erreicht werden soll? Angesichts leerer öffentlicher Kassen ist eine noch stärkere finanzielle Förderung ausgeschlossen.[5] Stattdessen wird quer durch die politischen Lager von Spitzenpolitikern immer wieder erwogen, eine Verpflichtung zur Zusatzvorsorge einzuführen.[6]

Ein Zwang zum Vorsorgesparen wäre jedoch ein tiefer Eingriff in die Freiheit der Einkommensverwendung. Geringsteinkommensbeziehern wäre eine Gehaltskürzung zu Gunsten der Altersvorsorge nicht zuzumuten. Fragwürdig wäre eine verpflichtende Zusatzvorsorge auch, weil sie all denjenigen eine doppelte Sparlast aufbürdet, die bereits auf andere Art und Weise für ihr Alter vorsorgen – sei es über nicht als Altersvorsorge anerkannte Ersparnisse, über Immobilien oder über Investitionen in den eigenen Betrieb.

Wenn freiwillige Altersvorsorge nicht den gewünschten Verbreitungsgrad erzielt, ist die Einführung von Zwang daher kein geeignetes Mittel zur Problemlösung. Stattdessen sind die Hindernisse auszuräumen, die einer freiwilligen Altersvorsorge entgegenstehen. Voraussetzung dafür ist, zu verstehen, unter welchen Umständen freiwillige Altersvorsorge zustande kommt.

5 Vgl. Juchum (2004: 42), der als Vertreter des Bundesfinanzministeriums Reformalternativen für die Riester-Rente ausschließt, die den Haushalt belasten würden.

6 Vgl. Jaklin und Pache 2002, vgl. o.V. (2003), vgl. o.V. (2005), vgl. Bauchmüller (2005).

2. Wie kommt Altersvorsorge zustande?

Nicht nur Experten[7] schlagen Alarm, dass angesichts der Rentenniveausenkungen in der gesetzlichen Rentenversicherung die Vorsorgeersparnisse in weiten Teilen der Bevölkerung nicht ausreichen, um den Lebensstandard im Alter zu halten.[8] In Umfragen zeigt sich, dass auch die Bürger selbst nach eigener Einschätzung zu wenig für ihre Altersvorsorge tun – und dass mangelndes Einkommen nicht unbedingt der Grund dafür ist.[9]

Warum aber wird eine ausreichende Altersvorsorge häufig auch dann unterlassen, wenn eigentlich genügend Geld für Vorsorgesparen zur Verfügung stünde? Oder anders formuliert: Unter welchen Voraussetzungen kommt es tatsächlich zu freiwilliger Altersvorsorge und welche dieser Voraussetzungen sind nicht gegeben? Bei einer genaueren Analyse wird schnell deutlich, dass freiwillige Altersvorsorge alles andere ist als eine einfache Angelegenheit. Sie ist ein höchst komplexer, mehrstufiger Prozess (Abbildung 1).[10]

Zunächst muss der Bürger bereit sein, sich überhaupt mit der Vorsorgethematik zu befassen und eine mehr oder weniger detaillierte Vorsorgeplanung vorzunehmen. Die Vorsorgeplanung muss er dann tatsächlich in die Tat umsetzen. Erst wenn er auf Grundlage dieser Vorsorgeplanung beabsichtigt, zu Gunsten erstmaliger oder vermehrter Altersvorsorge[11] seine gegenwärtigen

7 Zur Vereinfachung wird in dieser Arbeit die männliche Form verwendet, auch wenn Personen beiderlei Geschlechts gemeint sind.

8 Vgl. Börsch-Supan, Essig und Wilke (2005: 37-40).

9 Vgl. Leinert (2002: S. 16, Tab. 12.)

10 Eine ausführliche Beschreibung der folgenden Analysen findet sich in Leinert (2005: 65-85).

11 Zur Vereinfachung wird in den folgenden Analysen zum Vorsorgeprozess nicht mehr danach unterschieden, ob eine freiwillige Altersvorsorge neu aufgebaut oder ob eine bestehende Altersvorsorge erhöht werden soll. Die Begriffe „Aufbau einer Altersvorsorge", „Ausbau der Altersvorsorge" und „Erhöhung der Altersvorsorge" werden synonym verwendet.

Ausgaben einzuschränken, sind die Voraussetzungen für Vorsorgesparen erfüllt. Damit es zu tatsächlicher Vorsorgeersparnis kommt, muss der Bürger die Vorsorgeabsicht in die Tat umsetzen und einen konkreten Vorsorgevertrag abschließen. Auf jeder dieser vier Stufen kann es zu einem Abbruch des Vorsorgeprozesses kommen, wenn der Bürger glaubt, dass sie sich (noch) nicht lohnt. Nur wenn alle vier Stufen durchlaufen werden, kommt es tatsächlich zu Altersvorsorge. Ausreichende finanzielle Mittel sind also nur eine – wenn auch sehr wichtige – Voraussetzung für Vorsorgesparen.

Abbildung 1:
Voraussetzungen für freiwillige Altersvorsorge

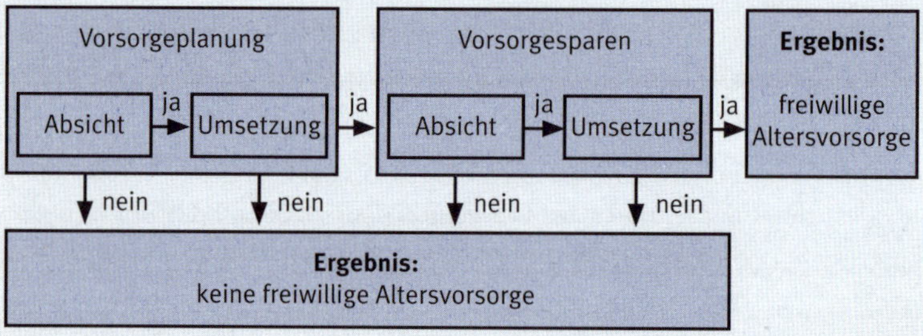

2.1 Vorsorgeplanung

Mit der Altersvorsorge wird ein Bürger sich nur dann befassen wollen, wenn er glaubt, dass der Aufwand sich lohnt. Dabei geht es nicht nur um die Abwägung, ob die Vorteile einer individuell angemessenen Vorsorgeplanung den Planungsaufwand überwiegen. Es geht auch um die Frage, ob die Eckdaten für die Vorsorgeplanung stabil genug sind, um eine angemessene Vorsorgeplanung überhaupt vornehmen zu können.

Insbesondere junge Leute können vor der Vorsorgeplanung zurückschrecken, solange nicht durch den Eintritt in neue Lebensphasen, wie z.B. die Gründung eines Haushaltes, die Bildung einer Familie oder die Aufnahme einer (neuen) Arbeit, die Lebenssituation und damit die Rahmenbedingungen für die Vorsorgeplanung klarer werden.[12]

Auch Unsicherheit über die staatlichen Rahmenbedingungen für die Altersvorsorge kann dazu führen, dass die Beschäftigung mit der Altersvorsorge zunächst zurückgestellt wird. Durch eine klare und verlässliche Vorsorgepolitik kann der Staat deswegen entscheidend dazu beitragen, dass mit der Bereitschaft zur Vorsorgeplanung der erste Schritt in Richtung freiwilliger Altersvorsorge getan wird.

Aber selbst wenn die Absicht besteht, mit der Vorsorgeplanung zu beginnen – ob sie (zeitnah) in die Tat umgesetzt wird, ist fraglich. Denn die Beschäftigung mit der Vorsorgematerie ist eine sehr komplizierte und für viele Bürger unangenehme Angelegenheit. Unangenehme Dinge aber werden häufig immer wieder auf „morgen" verschoben, auch wenn es sich eigentlich lohnen würde, sie sofort anzugehen (siehe Kapitel 3). Das Thema „Altersvorsorge" umfasst gleich zwei Gebiete, mit denen sich viele nur ungern befassen: Alter und finanzielle Angelegenheiten.

Der Begriff „Alter" ist häufig mit negativen Assoziationen besetzt;[13] viele Bürger empfinden die Auseinandersetzung mit dem eigenen Lebensabend als unangenehm.[14] Wenn sie sich mit der Zukunft auseinandersetzen, dann lieber mit positiven Ereignisse wie Ferien oder Hochzeit.[15] Bestandteil der Vorsorgeplanung ist jedoch explizit eine Auseinandersetzung auch mit

[12] Erwartungsgemäß zeigt sich auch in empirischen Untersuchungen die Bedeutung der geschilderten Schlüsselereignisse für die Vorsorgeplanung, vgl. Skinner und Ford (2000: 16-18 u. 45). Rowlingson (2002: 637 f.) kommt in einer qualitativen Untersuchung zu dem Ergebnis, dass wirtschaftliche Sicherheit eine entscheidende Voraussetzung für die Fähigkeit und Bereitschaft zur Vorsorgeplanung ist.

[13] So assoziieren in Deutschland 44 Prozent der 30- bis 50-Jährigen den Begriff „Alter" mit Krankheit und Pflegebedürftigkeit, vgl. Reifner, Tiffe und Turner (2003: 197).

[14] Vgl. Lusardi (2000: 7).

[15] Vgl. Rowlingson (2002: 634).

den negativen Aspekten des Alters, wenn es darum geht, die finanzielle Absicherung im Falle von Krankheit oder Pflegebedürftigkeit oder im Falle des Todes des Partners abzuschätzen, um den eigenen Vorsorgebedarf zu ermitteln.

Zudem bedingt die Vorsorgeplanung eine intensive Beschäftigung mit Finanzthemen. So müssen der spätere Ruhestandsbedarf und die voraussichtlichen Ruhestandsbezüge abgeschätzt werden und eine Bestandsaufnahme der gegenwärtigen Finanz- und Vermögenssituation erfolgen. Dazu gehört das Einholen und Interpretieren von Informationen über gesetzliche, betriebliche und private Rentensysteme einschließlich der jeweiligen steuerlichen und sozialabgabenrechtlichen Behandlung, eine Beschäftigung mit der Frage etwaigen Wohneigentums sowie die Bestandsaufnahme von Forderungen und Verbindlichkeiten. Je komplizierter die Vorsorgeplanung ist, und je länger es dauert, sich damit zu befassen, desto höher ist die Gefahr des Verschiebens.

Um einem Verschieben der Vorsorgeplanung entgegenzuwirken, sollte daher die Vorsorgeplanung vereinfacht werden. Dazu sind dem Bürger insbesondere leicht verständliche und vergleichbare Prognosen über seine voraussichtlichen Rentenanwartschaften zur Hand zu geben. Mittelfristig ist ein einheitlicher Rahmen für Rentenauskünfte zu entwickeln, der von gesetzlichen, betrieblichen und privaten Anbietern gleichermaßen verwendet wird. Dieser sollte insbesondere einheitliche Annahmen bezüglich (alternativer) Renteneintrittsalter und Lebenserwartung enthalten.[16] Eine weitere Planungsvereinfachung wird möglich, wenn dem zukünftigen Rentner aus einer Hand ein Gesamtüberblick über seine Anwartschaften aus den verschiedenen Rentensystemen gegeben wird. In Dänemark existiert

[16] Vgl. auch Gesellschaft für Versicherungswissenschaft und -gestaltung (2004: 12-17) zu Überlegungen hinsichtlich einer verbesserten Vorsorgeinformation in Deutschland.

mit dem System Pensionsinfo bereits ein solches Informationsangebot.[17] In einer weitergehenden Variante kann die Planung auch dadurch vereinfacht werden, dass alle privaten und betrieblichen Rentenansprüche auf einem individuellen „Vorsorgekonto“ zusammengeführt werden.[18]

2.2 Vorsorgesparen

Ein Bürger wird beabsichtigen, mit dem Vorsorgesparen zu beginnen bzw. die Vorsorgeersparnis zu erhöhen, wenn aus seiner subjektiven Sicht die Vorteile des (vermehrten) Vorsorgesparens dessen Nachteile überwiegen. Die Nachteile liegen im Verzicht auf verfügbares Einkommen und Konsum in der Gegenwart. Insbesondere für Haushalte mit geringem Einkommen kann diese zusätzliche Einschränkung so schwer wiegen, dass sie von einer Vorsorgeersparnis absehen. Die Vorteile der Altersvorsorge liegen offensichtlich im höheren Lebensstandard im Alter. Wie viel mehr man sich im Alter leisten kann, wenn man in der Gegenwart auf Konsum verzichtet und stattdessen spart, ist allerdings sehr schwer abzuschätzen. Denn dazu ist eine Vielzahl von Einflussfaktoren zu berücksichtigen, insbesondere:

- die steuerliche und sozialabgabenrechtliche Behandlung von Vorsorgebeiträgen, Zinserträgen und Renten- oder Kapitalauszahlungen,
- die erzielbare Rendite,
- die Inflationsrate,
- eine eventuelle Anrechnung der Altersvorsorge auf bedürftigkeitsabhängige Sozialleistungen (Stichwort „Hartz IV“),
- die Möglichkeiten, das Vorsorgekapital in eine lebenslange Rentenzahlung umzuwandeln, und
- die Lebenserwartung.

[17] Vgl. die entsprechende Homepage unter www.pensionsinfo.dk (nur in dänischer Sprache). Zu einer englischsprachigen Präsentation vgl. Kvistgaard (2002), zu einer deutschsprachigen Kurzbeschreibung vgl. Gesellschaft für Versicherungswissenschaft und -gestaltung (2004: 9 f.).

[18] Vgl. zu entsprechenden Konzepten seitens der Verbände Bundesverband Investment und Asset Manegement e.V. (2003) für den BVI und Weber (2004) für die Initiative Finanzstandort Deutschland.

Es ist nahezu unmöglich, eine auch nur annähernd zutreffende Vorstellung von sämtlichen Einflussfaktoren zu haben. Wie hoch der Mehrkonsum im Alter ist, der durch Vorsorgesparen erreicht wird, kann bestenfalls grob abgeschätzt werden.[19] Wie lohnenswert es ist, für diesen Mehrkonsum zu sparen, hängt davon ab, wie hoch das Ruhestandseinkommen eingeschätzt wird, das ohne Vorsorgesparen zur Verfügung stünde: Wer davon ausgeht, im Ruhestand bereits genug zu haben, wird keinen Grund sehen, sich in jüngeren Jahren einzuschränken, nur um im Alter den Lebensstandard noch weiter zu erhöhen. Damit steht und fällt die Vorsorgebereitschaft mit der Einschätzung der Rentenansprüche – ihre Überschätzung verhindert Altersvorsorge. Dieses Problem ist weit verbreitet: Zwei von drei Befragten überschätzen im vereinfachten Beispielfall die Leistungen aus der gesetzlichen Rentenversicherung, jeder Vierte sogar um mehr als die Hälfte.[20]

Um dies zu verhindern, müssen den Versicherten realistische Informationen über ihre Rentenansprüche an die Hand gegeben werden – und zwar aus allen Rentensystemen. Für die gesetzliche Rentenversicherung wurde mit Einführung der Renteninformationen bereits ein Schritt in die richtige Richtung getan.[21] Ob die für die Rentenprognosen unterstellten Rentenanpassungen von 1,5 bis 2,5 Prozent pro Jahr realistisch sind, darf allerdings bezweifelt werden, wie die Nullrunden der letzten Jahre beweisen. Wichtig ist die Berücksichtigung inflationsbedingter Kaufkraftverluste in den Renteninformationen. Allerdings werden die Prognosewerte selbst nicht inflationsbereinigt ausgewiesen. Vielmehr wird anhand einer individualisierten Beispielrechnung dargestellt, wie viel 100 Euro zu Rentenbeginn noch wert sind. Um dem Bürger einen vermeidbaren Rechenschritt zu ersparen, sollten die Prognosewerte direkt inflationsbereinigt ausgewiesen werden.

[19] Vgl. Miegel, Wahl, Hefele (2002)
[20] Vgl. Leinert (2002: 17, Tab. 15)
[21] Vgl. zu den ursprünglichen und den überarbeiteten Renteninformationen Gebauer (2005)

Vergleichbare Regelungen sind insbesondere auch für private und betriebliche Rentenversicherer zu treffen. Bei deren Informationen fehlt ein Hinweis auf den inflationsbedingten Wertverlust in der Regel völlig. Ob die in Aussicht gestellten Rentenleistungen realistisch sind, darf hier ebenfalls bezweifelt werden. Wie die weit verbreiteten Kürzungen der Überschussbeteiligung in den vergangenen Jahre zeigen, haben sich die Annahmen über die Entwicklung der Rechnungsgrundlagen und damit die unverbindlich in Aussicht gestellten Rentenleistungen in der Regel als zu optimistisch herausgestellt.[22]

Ob eine prinzipielle Absicht zum Vorsorgesparen (zeitnah) in die Tat umgesetzt wird, ist wiederum fraglich. Denn für die Auswahl eines geeigneten Vorsorgeproduktes und den Abschluss eines konkreten Vorsorgevertrages müssen zunächst Informationen über die steuer- und sozialabgabenrechtlichen Regelungen für verschiedene Arten von Vorsorgeprodukten sowie über deren Funktionsweise eingeholt und interpretiert werden. Anschließend müssen für die favorisierte Produktgruppe Informationen über die Angebote verschiedener Anbieter genauer angesehen, verglichen und bewertet werden.[23] Dies gilt vielen als unangenehme Aufgabe, die ebenso wie die Vorsorgeplanung gerne auf „morgen" verschoben wird.

Um ein Verschieben zu verhindern, sind Auswahl und Abschluss der Vorsorgeverträge so einfach wie möglich zu gestalten. Dazu sollte die Komplexität des Fördersystems durch die Vereinheitlichung und Vereinfachung der Förderung weiter verringert werden. Wichtige Schritte wären eine Angleichung von Höhe und Dynamisierung der steuerlich abzugsfähigen Beträge von Riester-Rente (nach § 10a EStG) und betrieblicher Altersvorsorge (nach § 3 Nr. 63 EStG) oder der Verzicht auf eine unterschiedliche Behandlung

22 Vgl. o.V. (2004) zur unterschätzten Lebenserwartung und o.V. (2004a) zur überschätzten Rendite.

23 Vgl. Reifner, Udo et al. (2003: 117-119) zu einer sinnvollen Vorgehensweise des Kunden am Beispiel der Riester-Rente.

der betrieblichen Altersvorsorge nach dem Finanzierungsmodus.[24] Einheitliche Transparenzkriterien und Informationsvorschriften für alle Produkte der privaten und betrieblichen Altersvorsorge könnten eine tatsächliche Vergleichbarkeit der Produkte ermöglichen und damit die Produktwahl ebenfalls erheblich erleichtern.

[24] Gemäß § 115 SGB IV ist ab 2008 eine unterschiedliche Behandlung von Sozialversicherungsbeiträgen bei Arbeitgeberfinanzierung und Entgeltumwandlung vorgesehen.

3. Verschieben von Altersvorsorge als Problem

Wie die Analyse des Vorsorgeprozesses gezeigt hat, kann eine fehlende oder geringe Altersvorsorge zwei Ursachen haben. Erstens kann es an der Absicht zur Altersvorsorge mangeln. So kann der Bürger zu dem Schluss kommen, dass sich eine Auseinandersetzung mit der Vorsorgethematik (noch) nicht lohnt, oder, wenn er sich damit beschäftigt hat, dass ein Vorsorgesparen unter den gegebenen Rahmenbedingungen keinen Nutzen bringt. Zweitens kann es an der Umsetzung der Altersvorsorge mangeln. Dies ist der Fall, wenn die Absicht zur Vorsorgeplanung oder zum Abschluss eines Vorsorgevertrages nicht in die Tat umgesetzt, sondern immer wieder auf „morgen“ verschoben wird.

Ein Verschieben des Vorsorgesparens wirkt sich doppelt negativ auf die Alterseinkommen aus: Zum einen verbleibt weniger Zeit, um bis zum Ruhestand ein auskömmliches Vorsorgekapital aufzubauen. Zum anderen wird damit gerade in den Jahren auf den Zinseszinseffekt verzichtet, in denen er besonders stark ausfallen würde. Wie gravierend das Zusammenspiel dieser beiden Effekte wirken kann, verdeutlicht Tabelle 1.

Ein junger Mensch, der 40 Jahre lang monatlich 50 Euro für die Altersvorsorge spart, kann im Alter mit einem beträchtlichen nominalen[25] Vorsorgekapital rechnen. Wie hoch dieses ausfällt, hängt in hohem Maße von der Verzinsung ab: Bei 6 Prozent Verzinsung ergeben sich rund 95.000 Euro, bei 4 Prozent rund 58.000 Euro und bei 2 Prozent nur rund 37.000 Euro.

[25] Bei Nominalwerten sind Kaufkraftverluste durch Inflation noch nicht berücksichtigt. Über lange Zeiträume kann es leicht zu einer Halbierung der Kaufkraft kommen: So verringert sich die Kaufkraft des Geldes bei einer Inflationsrate von 1,5 Prozent innerhalb von 40 Jahren um 45 Prozent, bei einer Inflationsrate von 2 Prozent um 55 Prozent.

Tabelle 1:
Folgen des Verschiebens von Altersvorsorge bei einem monatlichen Beitrag von 50 Euro und einer Ansparphase von bis zu 40 Jahren

Verschieben in Jahren (Ansparphase in Jahren)	Zinssatz in Prozent				
	2	3	4	5	6
Vergleichswert: Ruhestandskapital bei sofortigem Sparbeginn in €					
0 (40)	36.572	45.859	58.053	74.126	95.384
Einbußen an Ruhestandskapital bei Verschieben des Sparbeginns in €					
1 (39)	1.311	1.926	2.820	4.114	5.981
5 (35)	6.302	9.086	13.057	18.703	26.704
10 (30)	12.009	16.924	23.790	33.357	46.658
20 (20)	21.861	29.517	39.861	53.836	72.712
Einbußen an Ruhestandskapital bei Verschieben des Sparbeginns in Prozent des Vergleichswertes					
1 (39)	4	4	5	6	6
5 (35)	17	20	22	25	28
10 (30)	33	37	41	45	49
20 (20)	60	64	69	73	76
Nötiger Monatsbeitrag, um trotz Verschieben den Vergleichswert zu erreichen, in €					
1 (39)	51,86	52,19	52,55	52,94	53,34
5 (35)	60,41	62,35	64,51	66,87	69,44
10 (30)	74,45	79,24	84,72	90,91	97,88
20 (20)	124,30	140,30	159,55	182,66	210,35
Nötiger Monatsbeitrag, um trotz Verschieben den Vergleichswert zu erreichen, als Vielfaches von 50 Euro					
1 (39)	1,04	1,04	1,05	1,06	1,07
5 (35)	1,21	1,25	1,29	1,34	1,39
10 (30)	1,49	1,58	1,69	1,82	1,96
20 (20)	2,49	2,81	3,19	3,65	4,21

Quelle:
Eigene Berechnungen

Wird der Beginn des Vorsorgesparens um 5 Jahre verschoben, fällt bei einem Zinssatz von 4 Prozent das Ruhestandskapital um 13.057 Euro niedriger aus als bei sofortigem Sparbeginn. Damit muss im Alter auf 22 Prozent der Summe verzichtet werden, die sich ohne Verschieben ergeben hätte. Wollte ein „Verschieber" die 5 Jahre entgangener Beiträge und Zinseszinsen wieder wett machen, müsste er die verbleibenden 35 Jahre lang monatliche Sparbeiträge in Höhe von 64,51 Euro statt 50 Euro leisten; der Monatsbeitrag stiege damit um 29 Prozent.

Besonders deutlich werden die Folgen eines längeren Verschiebens bei höheren Zinssätzen: Fehlende Ersparnisse in der ersten Hälfte der 40-jährigen Ansparphase können nicht dadurch ausgeglichen werden, dass in der zweiten Hälfte doppelt soviel gespart wird – bei einem Zinssatz von 6 Prozent ist mehr als der vierfache Beitrag nötig.

3.1 Wie kommt es zu Verschieben?

Das Verschieben eigentlich sinnvoller und wichtiger Tätigkeiten liegt in der Natur des Menschen – der Volksmund weist auf diese Gefahr schon seit Generationen hin: mit den Redensarten „Was Du heute kannst besorgen, verschiebe nicht auf morgen" und „Morgen, morgen, nur nicht heute, sagen alle faulen Leute".

Wie es zu einem Verschieben finanzieller Angelegenheiten kommt, lässt sich am Beispiel der Steuererklärung verdeutlichen. Zumindest wer mit einer Steuerrückerstattung rechnet, wird die Steuererklärung bald einreichen wollen: Der rückerstattete Betrag kann dann zinsbringend angelegt werden oder es können teure (Überziehungs-) Kredite getilgt werden. Jeder Tag, um den die Steuererklärung später eingereicht wird, führt zu einem Verzicht auf Zinsgewinne bzw. zu Zinsverlusten.

Dennoch lässt sich beobachten, dass kaum ein Steuerbürger seine Steuererklärung zum frühestmöglichen Zeitpunkt einreicht. Im Gegenteil, viele Bürger verschieben ihre Steuererklärung immer wieder auf „morgen", bis die Abgabefrist ihnen keine andere Wahl lässt, als sich mit der Materie zu beschäftigen – oft buchstäblich in letzter Minute.

Wie kommt es zu diesem Phänomen? Offensichtlich stimmen Handlungsabsicht (baldiges Erstellen der Steuererklärung) und tatsächliche Handlung (Verschieben der Steuererklärung) nicht überein. Dies verwundert auf den ersten Blick. Das Erstellen der Steuererklärung ist für die meisten Bürger zwar eine unangenehme Aufgabe, weil die Materie sehr komplex, die eigenen Kenntnisse dagegen meist gering sind. Wird diesem Aufwand jedoch die erwartete Rückerstattung gegenübergestellt, dürfte sich in der Regel ein guter Stundenlohn ergeben. Wenn sich die Erstellung der Steuererklärung aber prinzipiell lohnt, sollte es wegen der Zinsverluste eigentlich keinen Grund geben, sie zu verschieben.

Allerdings sind im geschilderten Fall zwei Besonderheiten zu bedenken – die eine liegt in der Natur der Steuererklärung, die andere in der Natur des Menschen. Die Erstellung einer Steuererklärung bringt, wie die meisten Tätigkeiten, Vor- und Nachteile bzw. Nutzen und Kosten mit sich. Die finanziellen Kosten bestehen in den Ausgaben für Steuerratgeber, Steuer-CDs, etc.. Vor allem aber entstehen beim Erstellen der Steuererklärung „psychologische Kosten“, denn die meisten Leute beschäftigen sich nur ungern mit derartigen, hochkomplexen finanziellen Angelegenheiten. Die dafür benötigte Zeit wird in der Regel als unangenehm empfunden und steht zudem nicht mehr für andere, angenehmere (Freizeit-) Aktivitäten zur Verfügung. Der Nutzen der Steuererklärung besteht in der Steuerrückerstattung. Die Besonderheit ist die zeitliche Verteilung von Kosten und Nutzen der Steuererklärung. Während der als unangenehm empfundene zeitliche Aufwand sofort, d.h. im Moment der Bearbeitung, anfällt, erfolgt die Steuerrückerstattung erst Wochen später.

Die Besonderheit des menschlichen Nutzenempfindens ist, dass viele Menschen ein extrem starkes Gewicht auf den gegenwärtigen Augenblick legen. Da sie das „hier und jetzt“ gegenüber alle künftigen Momenten übermäßig hoch gewichten, tendieren sie dazu, unangenehme Tätigkeiten aus der Gegenwart heraus zu verschieben, um sie „morgen“ zu erledigen – wie im Falle der Steuererklärung, deren (psychologische) Kosten sofort anfallen, und damit wesentlich höher gewichtet werden als der Nutzen der erst Wochen später anfallenden Steuerrückerstattung.

Ein Verschieben auf „morgen“ ist umso wahrscheinlicher, je geringer die negativen Konsequenzen sind. Bei der Steuererklärung beispielsweise ist der Zinsverlust minimal, der entsteht, wenn sie um einen Tag verschoben wird und damit auch die Steuerrückerstattung einen Tag später anfällt. Dieser Zinsverlust ist der „Preis“, der dafür gezahlt werden muss, sich „hier und jetzt“ anderen Dingen als der ungeliebten Steuererklärung widmen zu können – und der oftmals billigend in Kauf genommen wird, weil er so gering ist.

Das Verschieben auf „morgen“ bedeutet jedoch keineswegs, dass die Steuererklärung nur einmalig um einen Tag verschoben wird. Ist der „morgige“ Zeitpunkt erst einmal in der Gegenwart angelangt, besteht dieselbe Kosten-Nutzen-Abwägung wie tags zuvor. Wieder ist ein Verschieben kurzfristig die attraktivere Variante. Dies gilt so lange, bis das Ende der Abgabefrist naht. Jetzt würde ein weiteres Verschieben den Verzicht auf die Steuerrückerstattung bedeuten. Bevor ein Steuerbürger auf einige Hundert oder gar Tausend Euro verzichtet, wird er aber die Mühen der Steuererklärung auf sich nehmen, selbst wenn ihm diese Tätigkeit noch so unangenehm ist. Wie den meisten Menschen ein Blick in den Freundes- oder Bekanntenkreis bestätigen dürfte, ist die Abgabe der Steuererklärung erst kurz vor Fristende tatsächlich weit verbreitet – obwohl sich durch das wiederholte Verschieben in der Summe beträchtliche Zinsverluste ergeben können.[26]

[26] Vgl. zum Phänomen des wiederholten Verschiebens unangenehmer Tätigkeiten auch Rabin (1998: 38), O‘ Donoghue und Rabin (1999: 103 f.), Strotz (1955: 177) oder Laibson et al. (1998 : 92).

Bei der Altersvorsorge dagegen gibt es keine Abgabefrist. Daher ist die Gefahr besonders groß, dass das Umsetzen einer an sich gewollten Altersvorsorge wiederholt aufgeschoben wird – oder im Extremfall gar nicht erst zustande kommt. Denn sowohl die Ermittlung des individuell angemessenen Sparbeitrages als auch die Auswahl eines konkreten Vorsorgeproduktes sind höchst komplexe und zeitaufwändige Angelegenheiten. Beim Umsetzen der Altersvorsorge entstehen daher sehr hohe sofortige Kosten psychologischer Art, während der Nutzen erst Jahrzehnte später anfällt – die typischen Charakteristika, die bei einer Übergewichtung des „hier und jetzt" häufig zu (dauerhaftem) Verschieben führen.

3.2 Wie verbreitet ist Verschieben in Deutschland?

Die entscheidende Frage für die Vorsorgepolitik lautet, wie weit verbreitet das geschilderte Verschiebeverhalten ist. Geht es um ein Randphänomen, das die Vorsorgesituation der Bevölkerung kaum beeinflusst oder handelt es sich um ein Massenphänomen, das die Altersvorsorge in weiten Teilen der Bevölkerung gefährdet? Aufschluss geben die Bertelsmann Stiftung Vorsorgeerhebungen 2002 und 2003. Dabei handelt es sich um einen spezialisierten Datensatz, der in zwei Wellen erhoben wurde. In der ersten Welle wurden 2002 repräsentativ ausgewählte 30- bis 50-Jährige in Deutschland ausführlich zu Vorsorgesituation und -verhalten befragt. In der zweiten Welle wurde bei 1380 von ihnen im Folgejahr nachgefragt, wie sich in der Zwischenzeit ihre Vorsorgesituation entwickelt hat.[27]

Das Ergebnis der Erhebung ist eindeutig: Die Bestimmungsgründe für ein Verschieben von Altersvorsorge sind in der Bevölkerung weit verbreitet. Bei 42 Prozent der Befragten kann von einer Übergewichtung der Gegenwart ausgegangen werden. Sie schieben unangenehme Dinge lieber ein wenig

[27] Vgl. zur Methodik und zum Wortlaut der Fragen Heien und Kortmann (2003).

auf, als sie sofort zu erledigen. Männer tendieren mit 46 Prozent deutlich häufiger dazu als Frauen mit 38 Prozent. Noch weiter verbreitet sind die psychologischen Kosten von Finanzangelegenheiten: 52 Prozent der Befragten verspüren eine Abneigung gegen finanzielle Angelegenheiten; sie befassen sich nur ungern damit. Bei Männern ist dies wiederum häufiger der Fall als bei Frauen. Finanzielle Entscheidungen werden von 50 Prozent der Befragten aufgeschoben; die Unterschiede zwischen Männern und Frauen sind hierbei sehr gering.[28]

Tabelle 2:
Aufschub finanzieller Entscheidungen, nach psychologische Kosten und Übergewichtung der Gegenwart, Angaben in Prozent der Befragten

Aufschub finanzieller Entscheidungen	psychologische Kosten		Übergewichtung der Gegenwart		psychologische Kosten und Übergewichtung der Gegenwart			
	nein	ja	nein	ja	keins	eins	beide	Insgesamt
ja	34,5	67,8	30,0	78,1	19,4	53,4	89,7	50,2
nein	65,5	32,2	70,0	21,9	80,7	46,6	10,4	49,8
N, gewichtet	1050	942	1154	839	685	824	476	1997
N, ungew.	1062	932	1179	817	710	815	464	1998

Quelle:
Leinert (2005: Tab. 6)

Einen einfache Kreuztabellierung (Tabelle 2) verdeutlicht, dass nicht nur die Bestimmungsgründe für ein Verschieben verbreitet sind, sondern auch der geschilderte Zusammenhang zwischen Verschiebeverhalten einerseits und einer Übergewichtung der Gegenwart sowie psychologischen Kosten andererseits deutlich ist: Während insgesamt 50 Prozent der Befragten finanzielle Entscheidungen verschieben, sind es bei denjenigen, für die Finanzangelegenheiten mit psychologischen Kosten verbunden sind, 68 Prozent. Bei den Befragten mit einer Übergewichtung der Gegenwart liegt der Anteil der „Verschieber" von Finanzentscheidungen bei 78 Prozent.

28 Vgl. Leinert (2005: 137).

Liegt keiner dieser beiden Faktoren vor, werden Finanzentscheidungen von 19 Prozent verschoben; liegen dagegen beide Faktoren vor, steigt der Anteil auf 90 Prozent.

Allerdings reichen diese Zusammenhänge alleine noch nicht aus, um Schlussfolgerungen für die Vorsorgepolitik zu ziehen. Denn zum einen beziehen sich diese Ergebnisse auf Selbsteinschätzungen der Befragten, die nicht zwangsläufig mit deren tatsächlichem Verhalten übereinstimmen. Zum anderen ist mit ernsthaften Konsequenzen des Verschiebens für die Altersvorsorge nur dann zu rechnen, wenn das eher zurückhaltend formulierte Eingeständnis, finanzielle Entscheidungen „schon mal ein bisschen" vor sich herzuschieben, tatsächlich bedeutet, dass Vorsorgehandlungen wiederholt und dauerhaft verschoben werden.

3.3 Hat Verschieben nachweisbar negative Auswirkungen auf die Altersvorsorge?

Um die Konsequenzen der Verschiebens in Deutschland abschätzen zu können, muss in der Datenauswertung danach differenziert werden, wie stark die Neigung zum Verschieben bei den Befragten ist. Dazu ist zunächst ein Index für die Verschiebeneigung zu bilden. In diesen fließen neben den erwähnten Indikatoren für das Verschieben finanzieller Entscheidungen, der Übergewichtung der Gegenwart und der psychologischen Kosten finanzieller Angelegenheiten, auch die psychologischen Kosten ein, welche die Beschäftigung mit dem Thema „Alter" mit sich bringen kann.[29] Es zeigt sich, dass die solchermaßen gemessene Aufschiebeneigung umso höher ist, je niedriger Bildungsgrad, persönliches Bruttoeinkommen oder Lebensalter sind; auch ist die Aufschiebeneigung bei Frauen geringer ausgeprägt als bei Männern.

[29] Vgl. Leinert (2005: 121-123) zu einer ausführlichen Darstellung der Indexbildung; zu den Ergebnissen vgl. Leinert (2005, Tab. 7).

Wie stark die Verschiebeneigung das Umsetzen von Vorsorgehandlungen und in der Konsequenz das Vorsorgeergebnis beeinträchtigt, wird deutlich, wenn die Befragten nach der Stärke der Verschiebeneigung sortiert und in fünf gleich große Gruppen, so genannte Quintile, eingeteilt werden. Ein Vergleich der Personengruppen mit der geringsten und der höchsten Aufschiebeneigung (1. und 5. Quintil) bestätigt die bisherigen Überlegungen (Tabelle 3):

- Noch nicht einmal jeder zweite „Verschieber" hatte mindestens einen von drei zentralen Planungsschritten für die Altersvorsorge (Bestandsaufnahme des Vermögens, Abschätzung des Ruhestandsbedarfs, Abschätzung der Ruhestandseinkommen) vorgenommen. Bei den „Nicht-Verschiebern" sind es fast vier von fünf Befragten.
- Noch nicht einmal jeder vierte „Verschieber" hatte eine bis Ende 2002 geplante (zusätzliche) Altersvorsorge bei der Nachfrage Anfang 2003 tatsächlich in die Tat umgesetzt; bei den „Nicht-Verschiebern" waren es immerhin zwei von fünf Befragten.
- Im Vergleich zu den „Nicht-Verschiebern" haben „Verschieber" seltener eine monatliche Haushaltsersparnis von 150 € oder mehr, seltener ein Bruttogeldvermögen von 12.500 € und mehr, seltener das Gefühl, für das Alter ausreichend abgesichert zu sein und häufiger das Gefühl, mehr sparen zu müssen.

Tabelle 3:
Indikatoren für Altersvorsorge, die auf die Befragten zutreffen, Angaben in Prozent.

Indikatoren für Altersvorsorge	nach Aufschiebeneigung		alle Befragten
	hoch (5. Quintil)	gering (1. Quintil)	
Planungsschritt(e) vorgenommen	47.7	78.9	67.8
Geplante Altersvorsorge umgesetzt	23.6	40.0	28.0
Haushaltsersparnis von 150 € und mehr*	42.2	62.9	52.9
Bruttogeldvermögen vom 12.500 € und mehr*	31.1	47.5	41.7
Gefühl, ausreichend abgesichert zu sein	56.7	79.3	71.0
Gefühl, mehr Sparen zu müssen**	56.3	31.2	44.5

* Die in der Erhebung verwendeten DM-Werte wurden für diese Darstellung vereinfachend im Verhältnis von 2:1 in € umgerechnet

** Berücksichtigt sind nur diejenigen Befragten, die angaben, ihr Einkommen reiche zum Sparen aus.

Quelle:
Eigene Berechnungen

Zwar wäre es theoretisch möglich, dass diese Zusammenhänge nur scheinbar existieren und in Wirklichkeit ausschließlich durch „Drittvariablen" verursacht werden. So wurde oben verdeutlicht, dass die Verschiebeneigung mit zunehmendem Bruttoeinkommen sinkt. Je höher das Bruttoeinkommen, desto höher ist aber unter sonst gleichen Umständen auch die Sparfähigkeit der Haushalte. Es wäre daher möglich, dass der negative Zusammenhang zwischen Aufschiebeneigung und Haushaltsersparnis vollständig über das Bruttoeinkommen erklärt werden kann: Dann nämlich, wenn ein hohes Bruttoeinkommen als einziger Faktor ursächlich für eine geringe Aufschiebeneigung und eine hohe Ersparnis ist.

Allerdings zeigt eine logistische Regressionsanalyse, dass alle geschilderten Zusammenhänge auch dann bestehen bleiben, wenn sie rechnerisch um die Effekte möglicher Drittvariablen wie Einkommen, Vermögen, Alter, Bildung und subjektive Sparfähigkeit bereinigt werden. Zudem sind alle geschilderten Zusammenhänge auf dem 95-Prozent-Niveau signifikant. Folglich kann so gut wie ausgeschlossen werden, dass die beobachteten Zusammenhänge rein zufallsbedingt sind.[30]

Damit sprechen die Ergebnisse eine klare Sprache. Eine Tendenz zum Aufschieben von Altersvorsorge ist in der Bevölkerung nicht nur weit verbreitet. Sie beeinträchtigt auch die Vorsorgeplanung und das Umsetzen geplanter Altersvorsorge. Dadurch leidet auch das Vorsorgeergebnis. Belegt wird dies nicht nur durch „weiche" Faktoren wie den Informationsstand oder das Gefühl, unzureichend abgesichert zu sein und mehr sparen zu müssen, sondern auch durch „harte" Faktoren wie geringere Haushaltsersparnis und geringeres Geldvermögen.

[30] Vgl. Leinert (2005: 139 - 142)

4. Automatische Entgeltumwandlung („Opting-Out") in der betrieblichen Altersvorsorge als Lösung

4.1 Wirkungsweise von automatischer Entgeltumwandlung

Da bei einer Übergewichtung der Gegenwart Tätigkeiten wie die Altersvorsorge tendenziell aufgeschoben werden, die mit sofortigen (psychologischen) Kosten verbunden sind, ist für die Alterssicherung entscheidend, was passiert, wenn die Bürger in punkto Vorsorgesparen nicht aktiv werden. Bislang wurde davon ausgegangen, dass der Bürger sich aktiv um das Zustandekommen von freiwilliger Altersvorsorge kümmern muss. Am Beispiel der arbeitnehmerfinanzierten betrieblichen Altersvorsorge wird jedoch klar, dass unter veränderten Rahmenbedingungen die Möglichkeit besteht, die Existenz sofortiger Kosten zur Förderung der freiwilligen Altersvorsorge nutzbar zu machen. Dabei wird der Zustand, der sich bei Nicht-Handeln ergibt, als „passiver Status Quo" bezeichnet.

Beim üblichen passiven Status Quo bedeutet Nicht-Handeln, d.h. die „passive Entscheidung" des Arbeitnehmers, dass keine betriebliche Altersvorsorge zustande kommt. Erst die aktive Entscheidung, sich in die betriebliche Altersvorsorge einzuklinken („Opting-In"), lässt die Altersvorsorge beginnen. Denkbar ist jedoch auch ein umgekehrter passiver Status Quo, bei dem der Arbeitnehmer automatisch mit einer vorgegebenen Sparquote und einer vorgegebenen Anlageform in die betriebliche Entgeltumwandlung einbezogen wird, wenn er dem nicht widerspricht.[31] In diesem Fall bedeutet die passive Wahlentscheidung, dass die Altersvorsorge zustande kommt. Um die Altersvorsorge in der vorgegebenen Form zu verhindern, ist eine aktive Entscheidung erforderlich, die betriebliche Altersvorsorge zu verlassen („Opting-Out").

Die Wahlfreiheit, sich für oder gegen die betriebliche Altersvorsorge zu entscheiden, besteht in beiden Fällen. Die gelegentlich geäußerte Kritik, eine Umkehrung des passiven Status Quo stelle einen Zwang zur Alters-

[31] Vgl. The Vanguard Center for Retirement Research (2001: 2)

vorsorge dar, ist deswegen wenig überzeugend. Im Kern unterscheiden sich der (auch in Deutschland) übliche passive Status Quo und die hier dargestellte Variante darin, dass Ersterer eine Unterschrift erfordert, um in die Altersvorsorge hinein zu optieren, während Letzterer eine Unterschrift erfordert, um aus der Altersvorsorge heraus zu optieren. Wenn diese Unterschrift ein unüberwindbares Hindernis darstellen würde, bestünde im hier diskutierten passiven Status Quo tatsächlich ein faktischer Zwang zur Altersvorsorge. Dann würde aber gleichermaßen gelten, dass es dem Bürger unter dem gegenwärtig üblichen passiven Status Quo nicht möglich ist, in die Altersvorsorge hinein zu optieren: Die gegenwärtige Situation würde ein faktisches Verbot der Altersvorsorge darstellen, was die Kritik ad absurdum führt.

Eigentlich sollte das Vorsorgeverhalten nicht davon beeinflusst werden, ob die Entscheidung getroffen werden muss, in die betriebliche Altersvorsorge hinein oder aus ihr heraus zu optieren – so zumindest die ökonomische Standardargumentation. Denn die ökonomisch relevanten Daten für die Altersvorsorge wie z.B. Einkommen, Vermögen, Steuerrecht etc. ändern sich durch die Festlegung des passiven Status Quo nicht.[32] Wird jedoch die weit verbreitete Übergewichtung der Gegenwart berücksichtigt, gibt es keine „neutralen“ Rahmenbedingungen für die Altersvorsorge mehr. Gesetzgeber und/oder Arbeitgeber müssen sich zwangsläufig für einen passiven Status Quo entscheiden. Jede derartige Entscheidung beeinflusst aber das Vorsorgeverhalten. Denn zu jedem Zeitpunkt ist es wahrscheinlich, dass der Arbeitnehmer dem „Pfad des geringsten Widerstandes“ folgt, also das tut, was den geringsten Aufwand erfordert. Fast immer ist es das Einfachste, überhaupt nichts zu tun, sich also durch Nicht-Handeln für den passiven Status Quo zu entscheiden. Bei automatischer Entgeltumwandlung kommt dies einer Teilnahme an der Altersvorsorge gleich.[33]

[32] Vgl. Choi et al. (2001: 3)

[33] Vgl. The Vanguard Center for Retirement Research (2001: 2) und Choi et al. (2001a: 4 f. und 31).

Abbildung 2:
Voraussetzungen für das Beenden automatischer Entgeltumwandlung

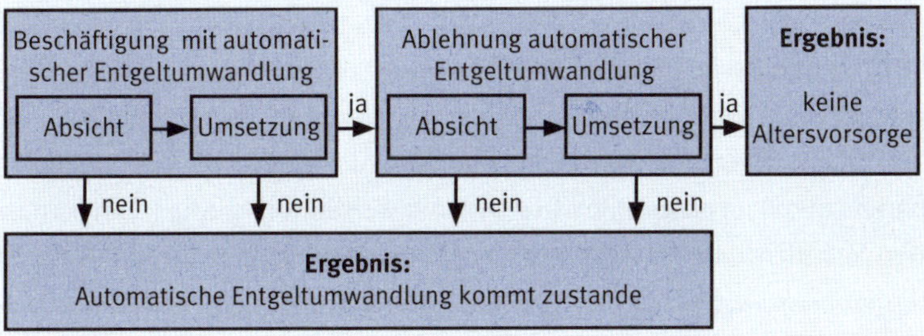

Dies wird in Abbildung 2 deutlich. Zum Beenden der automatischen Entgeltumwandlung muss der Arbeitnehmer zunächst bereit sein, sich mit der Thematik zu beschäftigen und dies unter Inkaufnahme sofortiger Kosten auch tatsächlich tun. Dabei muss er zu dem Schluss kommen, dass die vorgesehene Altersvorsorge in seiner Situation nicht angemessen ist und er muss – wiederum unter Inkaufnahme sofortiger Kosten – dem automatischen Einbezug in die betriebliche Altersvorsorge aktiv widersprechen. Nur dann wird die automatische Entgeltumwandlung beendet.

4.2 Ausgestaltungsmöglichkeiten von automatischer Entgeltumwandlung

4.2.1 Regelungsebene und einbezogener Personenkreis

Modelle automatischer Entgeltumwandlung mit Widerspruchsrecht lassen sich schon nach derzeitiger Rechtslage implementieren. Für ihre Einführung kommen nach geltendem Recht drei Regelungsebenen in Betracht: Sie können im Arbeitsvertrag vereinbart werden, Gegenstand einer Betriebsvereinbarung sein oder tarifvertraglich geregelt werden. Die Wahl der Regelungsebene hat auch Auswirkungen auf den einbezogenen Personenkreis.[34]

Wird automatische Entgeltumwandlung im Rahmen einzelner Arbeitsverträge vereinbart, ist ihre Wirkung eingeschränkt. Automatisch in die betriebliche Altersvorsorge einbezogen werden in diesem Fall nicht alle, sondern nur neu eingestellte Mitarbeiter bzw. Mitarbeiter, die im Anschluss an eine Befristung einen neuen Arbeitsvertrag erhalten. Arbeitsverträge werden i.d.R. auf der Grundlage vorformulierter Allgemeiner Geschäftsbedingungen (AGB) des Arbeitgebers abgeschlossen. Automatische Entgeltumwandlung ließe sich daher im Arbeitsvertrag verwirklichen, indem der Arbeitnehmer durch AGB in die betriebliche Altersvorsorge einbezogen wird, wenn er nicht durch Ankreuzen eines Kästchens auf dem Vertragsformular ausdrücklich bekundet, dass er dies nicht wünscht. Alternativ könnten die AGB auch vorsehen, dass der Arbeitnehmer in die betriebliche Altersvorsorge einbezogen wird, sofern er innerhalb einer bestimmten Frist ab Beginn des Arbeitsverhältnisses nicht schriftlich widerspricht.

In beiden Fällen unterliegt die Klausel zur Automatik der Entgeltumwandlung und zum Widerspruchsrecht der gerichtlichen AGB-Kontrolle und damit der Gefahr, im Streitfall von einem Arbeitsgericht für unwirksam erklärt zu werden.[35] Um dieses Risiko zu minimieren, darf die Klausel den Arbeitnehmer nicht „überrumpeln". Sie muss unmissverständlich und hinreichend auffällig gestaltet sein, darf also nicht im Kleingedruckten versteckt werden. Zudem darf sie den Arbeitnehmer nicht „unangemessen benachteiligen."[36] Da es zu einer automatischen Entgeltumwandlung keinerlei einschlägige Rechtsprechung gibt, besteht hier eine gewisse

[34] Vgl. zu den folgenden Ausführungen Engert (2004) und Leinert (2003).
[35] Vgl. §§ 305 ff. BGB.
[36] Vgl. § 307 BGB.

Rechtsunsicherheit. Allerdings hat der Gesetzgeber den Anspruch des Arbeitnehmers auf Entgeltumwandlung in § 1a BetrAVG ausdrücklich in der Absicht begründet, der betrieblichen Altersvorsorge eine größere Breitenwirkung zu geben.[37] Es ist daher auf der Grundlage des geltenden Rechts vertretbar, eine automatische Entgeltumwandlung durch AGB zuzulassen, soweit sie sich nach Art (insbesondere Anlageform) und Umfang in den Grenzen dieser gesetzlichen Referenzregelung hält.[38]

Als weitere Regelungsebene für die automatische Entgeltumwandlung kommt eine Betriebsvereinbarung zwischen Arbeitgeber und Betriebsrat in Betracht. Betriebsvereinbarungen können ohne weiteres für alle Arbeitnehmer eines Betriebes Geltung beanspruchen. Dies schafft im Prinzip die Möglichkeit, automatische Entgeltumwandlung auch für bereits bestehende Arbeitsverhältnisse einzuführen. Als praktischer Vorteil der Betriebsvereinbarung kann es sich erweisen, wenn die Mitwirkung des Betriebsrates die betriebliche Altersvorsorge aus Sicht der Arbeitnehmer vertrauenswürdiger macht.

Allerdings unterliegen auch Betriebsvereinbarungen einer richterlichen Inhaltskontrolle. Bei der Entgeltumwandlung geht es um die Verwendung des Arbeitslohns und damit um eine Entscheidung, die nach der Rechtsprechung des Bundesarbeitsgerichts dem einzelnen Arbeitnehmer vorbehalten bleiben muss. Eine zwangsweise Entgeltumwandlung wäre damit unvereinbar. Eine automatische Entgeltumwandlung mit Widerspruchsrecht erscheint aber wiederum vertretbar, weil es dem Arbeitnehmer sein Selbstbestimmungsrecht nicht abspricht, sondern nur dessen Ausübung modifiziert. Allerdings darf die Entscheidungsfreiheit des Arbeitnehmers auch nicht

[37] Vgl. Bundesrats-Drucksache 764/00, S. 92 f.

[38] Insbesondere sollte der im passiven Status Quo vorgesehene Sparbeitrag die gesetzlich festgelegte Fördergrenze nicht überschreiten; für alternativ angebotene Sparbeträge, die der Arbeitnehmer durch aktive Änderung wählen kann, gilt diese Einschränkung nicht.

faktisch ausgehöhlt werden, so dass ähnlich wie bei einer Implementierung durch Arbeitsvertrag der Arbeitnehmer nicht überrascht werden darf und eine angemessene Widerspruchsfrist einzuräumen ist.

Eine weitere Beschränkung für automatische Entgeltumwandlung durch Arbeitsvertrag oder Betriebsvereinbarung ergibt sich aus dem Tarifvorbehalt von § 17 Abs. 5 des Gesetzes zur Verbesserung der betrieblichen Altersversorgung (BetrAVG). Ohne eine Öffnungsklausel im einschlägigen Tarifvertrag ist eine Entgeltumwandlung nur bei nicht tarifgebundenen Arbeitnehmern oder für übertarifliche Entgelte möglich. Es dürfte aber auch möglich sein, dass die Tarifparteien automatische Entgeltumwandlung im Tarifvertrag selbst regeln.

4.2.2 Widerspruchsfristen

Um sicherzustellen, dass die Entscheidungsfreiheit für oder gegen Altersvorsorge gewahrt bleibt, muss es dem Arbeitnehmer innerhalb der Widerspruchsfrist möglich sein, die automatische Entgeltumwandlung uneingeschränkt und ohne jegliche Nachteile zu stoppen. Für die konkrete Gestaltung der Widerspruchsfristen sind drei zeitliche Parameter von Bedeutung: Das Ende der Widerspruchsfrist, der Beginn des automatischen Gehaltsabzuges und der Beginn des Vorsorgevertrages.[39]

Die Widerspruchsfrist sollte einerseits möglichst lang sein, um dem Arbeitnehmer eine angemessene Bedenkzeit zu garantieren und rechtliche Bedenken zu vermeiden. Andererseits sollte die Widerspruchsfrist möglichst kurz sein, um rechtzeitig vor dem automatischen Vertragsbeginn zu enden. Sonst fallen Abschluss- und Verwaltungskosten auch dann an, wenn der Arbeitnehmer sich gegen die Altersvorsorge entscheidet. Ausgestaltungsmöglichkeiten, die sich in diesem Spannungsfeld bieten, sind in Tabelle 4 zusammengefasst:

[39] Vgl. zu den folgenden Überlegungen auch Leinert (2003: 100 f.).

Tabelle 4:
Möglichkeiten zur Gestaltung der Widerspruchsfrist

Ende Widerspruchsfrist	Beginn Entgeltumwandlung	
	Beginn Gehaltsabzug	Beginn Vorsorgevertrag
1. Ende der Widerspruchsfrist vor Gehaltsabzug und Vertragsbeginn		
Abschluss Arbeitsvertrag	erste Gehaltszahlung	
erste Gehaltszahlung	erste Gehaltszahlung	
erste Gehaltserhöhung	erstes Gehalt nach Gehaltserhöhung	
2. Ende der Widerspruchsfrist nach Gehaltsabzug und vor Vertragsbeginn		
beliebig	erster Gehaltsabzug	beliebig
3. Ende der Widerspruchsfrist nach Gehaltsabzug und Vertragsbeginn		
bestimmte Zeit nach Zusendung der Vertragsunterlagen	erste Gehaltszahlung	

Quelle:
Leinert 2003, S. 101

Erstens besteht die Möglichkeit, dass automatischer Gehaltsabzug und Beginn des Vorsorgevertrages erst nach Ablauf der Widerspruchsfrist anlaufen. Dies bedingt entweder eine kurze Widerspruchsfrist oder einen späten Beginn der Entgeltumwandlung. Als kürzestmögliche Widerspruchsfrist kann eine Frist bis zur Unterschrift des Arbeitsvertrages vorgesehen werden; die Vorsorgebeiträge könnten dann bereits vom ersten Gehalt abgezogen werden. Dies ist ebenfalls möglich, wenn diese Frist zum Zeitpunkt der ersten Gehaltsüberweisung endet, bzw. aus verwaltungstechnischen Gründen kurz davor. Eine deutlich längere Widerspruchsfrist lässt sich erreichen, wenn das Ziel aufgegeben wird, die Vorsorgebeiträge bereits von der ersten Gehaltszahlung abzuziehen.

Zweitens besteht die Möglichkeit, den automatischen Abzug für die Vorsorgebeiträge bereits vom ersten Gehalt vorzunehmen, aber Widerspruchsfrist und Beginn des Vorsorgevertrages durch Zwischenschaltung eines „Pufferkontos“ beliebig später zu terminieren. Auf dieses Pufferkonto führt der Arbeitgeber vom ersten Gehalt an die Vorsorgebeiträge ab und sammelt sie bis zum Ende der Widerspruchsfrist an. Erfolgt kein Widerspruch, werden sie als Einmalzahlung auf den Vorsorgekonto überwiesen; danach erfolgen monatlich regelmäßige Zahlungen. Im Falle eines Widerspruchs werden sie mit der nächstmöglichen Gehaltszahlung auf das Konto des Arbeitnehmers überwiesen, wodurch sie automatisch mit Steuern und Sozialabgaben belegt werden. Den Vorteilen dieses Modells stehen die zusätzlichen Kosten gegenüber, die dem Arbeitgeber durch die Verwaltung des Pufferkontos entstehen.

Drittens besteht die Möglichkeit, die Widerspruchsfrist über den ersten Gehaltsabzug und den daran anschließenden automatischen Vertragsbeginn hinaus zu verlängern, indem der Vorsorgevertrag innerhalb einer bestimmten Frist ohne negative Folgen für den Arbeitnehmer jederzeit kündbar ist. Derzeit gilt bei Versicherungsverträgen ein für den Versicherungsnehmer kostenloses Widerrufsrecht innerhalb von zwei Wochen; diese Frist ließe sich ausweiten. Bei dieser Variante müssen im Falle eines Widerrufs innerhalb der Frist der Anbieter bzw. der Versichertenbestand die bereits angefallenen Abschluss- und Verwaltungskosten tragen. Für den Arbeitgeber entsteht bei Widerspruch nach Vertragsbeginn ebenfalls zusätzlicher Verwaltungsaufwand, weil die Vorsorgebeiträge über ihn rückabgewickelt werden müssen.

4.2.3 Anlageform und Sparquote für passive Arbeitnehmer

Für die betriebliche Altersvorsorge ist nicht nur entscheidend, ob, sondern auch in welcher Höhe Vorsorgebeiträge geleistet werden. Sofern der Arbeitgeber entsprechende Wahlmöglichkeiten anbietet, ist auch von Bedeutung, in welchem Durchführungsweg und bei welchem Produktanbieter die Altersvorsorge aufgebaut wird. Für den Fall, dass der Arbeitnehmer keine aktive Wahlentscheidung trifft, muss bei automatischer Entgeltumwandlung ein passiver Status Quo für Sparquote und Anlageform festgelegt werden.[40]

[40] Vgl. zu den folgenden Überlegungen auch Leinert (2003: 101 f.).

Diese Festlegung ist nicht nur zwangsläufig, um den automatischen Einbezug in die betriebliche Altersvorsorge zu ermöglichen, sondern sie ist auch inhaltlich wichtig: Bei Übergewichtung der Gegenwart ist es wahrscheinlich, dass der Arbeitnehmer nicht aktiv wird, um den passiven Status Quo zu ändern, sondern ihn akzeptiert. Verstärkt wird dieser Effekt dadurch, dass der Arbeitgeber mit der Festlegung des passiven Status Quo dessen Angemessenheit für die Altersvorsorge signalisiert und damit Änderungswünsche der Arbeitnehmer unwahrscheinlicher werden. Wenn der Arbeitnehmer noch keine Vorstellungen über eine angemessene Sparquote und Anlageform hat, sondern davon ausgeht, diese erst im Laufe der Zeit zu bilden, hat er einen weiteren Anreiz, die Vorauswahl des Arbeitgebers zunächst nicht zu ändern.[41]

Ob automatische Entgeltumwandlung das Vorsorgekapital des Arbeitnehmers erhöht, hängt daher in entscheidendem Maße davon ab, welche Auswahl der Arbeitgeber für den passiven Status Quo getroffen hat. Zwar erhöht der automatische Einbezug in die betriebliche Altersvorsorge bei denjenigen Arbeitnehmern, die sonst keine Vorsorge betrieben hätten, die Vorsorgeersparnis in jedem Fall. Bei denjenigen Arbeitnehmern, die auch sonst vorgesorgt hätten, kann die automatische Entgeltumwandlung dagegen auch zu einem geringeren Erwartungswert des Vorsorgekapitals führen. Dies ist in dem Ausmaß der Fall, in dem der passive Status Quo zu einer geringeren Sparquote oder einem Vorsorgeprodukt mit konservativerer Kapitalanlage führt, als sie sonst gewählt worden wären.

Werden Vorsorgeprodukte mit weniger konservativer Kapitalanlage oder höhere Sparquoten als passiver Status Quo gesetzt, kann dies die Akkumulation von Vorsorgekapital deutlich erhöhen.[42] Eine weitere und besonders

[41] Vgl. Choi et al. (2003: 6 und 18).
[42] Vgl. Choi et al. (2001a: 13).

vielversprechende Möglichkeit, bei automatischer Entgeltumwandlung ein Verharren bei niedrigen Sparquoten zu vermeiden, stellt die Kombination mit einer intelligenten Dynamik dar (siehe Kapitel 5).

4.3 Ohne echte Portabilität kein Anreiz für den Arbeitnehmer

Mit zunehmender Flexibilisierung der Arbeitsmärkte ist zu erwarten, dass künftig insbesondere bei Berufseinsteigern befristete Arbeitsverhältnisse und Fluktuation zunehmen. Müssten beruflich mobile Arbeitnehmer bei jedem Jobwechsel die bisherige betriebliche Altersvorsorge ruhen lassen und beim neuen Arbeitgeber einen neuen Vorsorgevertrag abschließen, würde sich betriebliche Altersvorsorge für sie kaum lohnen: Mehrfache Abschluss- und Verwaltungskosten würden die Ersparnisse schmälern; im Alter würden mehrere Minirenten gezahlt. Dass diese Nachteile von der betrieblichen Altersvorsorge abschrecken bzw. zum Widerspruch gegen automatische Entgeltumwandlung veranlassen würden, liegt auf der Hand.

Deswegen müssen intelligente Portabilitätsregelungen das Weiterführen der bisherigen betrieblichen Altersvorsorge beim neuen Arbeitgeber ermöglichen. Prinzipiell bestehen zwei Möglichkeiten: Entweder kann der bisherige Vorsorgevertrag vom neuen Arbeitgeber übernommen werden. Der Vertrag ändert sich in diesem Fall nicht; alle bisherigen Vertragsparameter, wie z.B. Garantiezins, Verwendung der Überschussanteile, Berufsunfähigkeitsabsicherung, etc. gelten auch weiterhin. Oder aber das bislang gebildete Kapital wird auf den neuen Arbeitgeber übertragen, der dieses als Einmalzahlung für einen neuen Vorsorgevertrag verwendet. In diesem Fall können sich ganz andere Vertragsparameter ergeben als bislang.[43]

In Deutschland sind bei Einverständnis aller Beteiligten beide Varianten möglich. Besteht keine Einigkeit, hat der Arbeitnehmer nach dem neuen § 4 BetrAVG seit dem 1.1.2005 ein Recht auf Fortführung der betrieblichen

43 Vgl. Buttler und Kümmerle (2005) zu den Möglichkeiten der Übernahme und der Übertragung.

Altersvorsorge beim neuen Arbeitgeber – dies allerdings in sehr eingeschränkter Form: Einfordern kann er nicht die Übernahme des bisherigen Vorsorgevertrages, sondern nur die Übertragung des Vorsorgekapitals. Zudem gilt dieses Recht nur für Neuverträge, die ab dem 1.1.2005 abgeschlossen wurden und ist auf die versicherungsförmigen Durchführungswege Pensionskasse, Pensionsfonds und Direktversicherung beschränkt.

Mit dem Recht auf Übertragung ist für versicherungsförmige Neuverträge die Portabilität formal gesichert. Allerdings ist fraglich, ob sie auch faktisch gegeben ist. Denn der neue Arbeitgeber muss zwar den Übertragungswert übernehmen, wird aber im Normalfall verlangen, dass damit ein neuer Vertrag bei seinem Versorgungsträger abgeschlossen wird und damit auch die alten Vertragsparameter ungültig werden. Für den neuen Arbeitgeber ist das ein Vorteil. Er haftet nicht mehr für die Konditionen und eventuellen Versorgungsrisiken, die sich aus dem Vertragsabschluss des alten Arbeitgebers ergeben. Für den Arbeitnehmer ist das ein Nachteil, der ihn teuer zu stehen kommen kann. Mögliche Konsequenzen für ihn:[44]

- Der neue Versorgungsträger verlangt erneute Abschlusskosten.
- Aufgrund des höheren Eintrittsalters wird eine Absicherung gegen die biometrischen Risiken Berufsunfähigkeit und Todesfall teurer.
- Unter Umständen ist aus gesundheitlichen Gründen eine Absicherung gegen diese Risiken gar nicht mehr möglich.
- Aufgrund der Entwicklung der vergangenen Jahre ist für den neuen Vertrag ein niedrigerer Garantiezins wahrscheinlich.
- Wenn neue Sterbetafeln gelten, werden niedrigere Rentenzahlungen garantiert.

[44] Vgl. Escher (2004: 48).

Aber auch für den Arbeitgeber ist die aktuelle Portabilitäts-Regelung nicht unproblematisch. Für ihn ergeben sich neue Haftungsrisiken, wenn er ausscheidende und neue Mitarbeiter nicht aktiv auf die Verluste hinweist, die bei einer Übertragung des Vorsorgekapitals entstehen können. So hat das Arbeitsgericht Stuttgart mit Urteil vom 17. Januar 2005 (Az.: 19 Ca 3152/04 – rechtskräftig) entschieden, dass der Arbeitgeber für die finanziellen Nachteile, die einem Arbeitnehmer bei Jobwechsel durch gezillmerte Tarife mit Stornoabzug entstehen, in voller Höhe haften muss, wenn der Arbeitnehmer nicht vor Vereinbarung der Entgeltumwandlung entsprechend informiert wurde.[45]

Um Übertragungsverluste zu vermeiden, könnte es für den Arbeitnehmer sinnvoller sein, den Vorsorgevertrag privat weiter zu bedienen, um erneute Abschlusskosten und eine Verteuerung oder einen Ausschluss des Berufsunfähigkeits- oder Todesfallschutzes zu vermeiden. Gleiches gilt für Arbeitnehmer, die sich selbstständig machen oder arbeitslos werden. Eine private Fortführung ist jedoch nicht in allen Durchführungswegen möglich.

Um die betriebliche Altersvorsorge auch in einem flexiblen Arbeitsmarkt attraktiv zu machen, sollte zum einen das Recht zur privaten Fortführung der Vorsorgeverträge auf alle Durchführungswege ausgedehnt werden. Zum anderen sollte das Recht zur Fortführung der betrieblichen Altersvorsorge beim neuen Arbeitgeber auf Altverträge ausgedehnt werden. Geprüft werden sollte dabei, ob dieses Recht nicht mehr auf die Übertragung des Vorsorgekapitals, sondern – zumindest für unverfallbare Anwartschaften[46] – auf die Übernahme des Vorsorgevertrages durch den neuen Arbeitgeber bezogen werden könnte. In diesem Fall wäre gleichzeitig zu prüfen, ob der Arbeitgeber unter bestimmten Bedingungen aus der Haftung bei Insolvenz von versicherungsförmigen Versorgungsträgern entlassen werden könnte.

45 Vgl. Pohl (2005).

46 Bei verfallbaren Anwartschaften würde der alte Arbeitgeber nicht bereit sein, dem neuen Arbeitgeber eine Kompensation für deren Übernahme zu zahlen.

4.4 Ohne den Arbeitgeber läuft nichts

Bei aller Bedeutung der Vorsorgeanreize für den Arbeitnehmer darf eines nicht übersehen werden: Ohne die Mitwirkung des Arbeitgebers läuft nichts. Automatische Entgeltumwandlung kann nur dann funktionieren, wenn der Arbeitgeber seinen Beschäftigten per passiver Entscheidungsmöglichkeit anbietet, ihnen genau diejenigen ungeliebten Tätigkeiten abzunehmen, die der Grund für das wiederholte Verschieben der Altersvorsorge sind – nämlich die intensive Beschäftigung mit der Frage eines (vorläufig) akzeptablen Sparbeitrages und Vorsorgeproduktes.

Dass unter den derzeitigen Rahmenbedingungen alle Arbeitgeber bereit wären, ihre Beschäftigten von sich aus per automatischer Entgeltumwandlung in die betriebliche Altersvorsorge einzubeziehen, ist nach den Erfahrungen mit herkömmlicher Entgeltumwandlung unwahrscheinlich. Zwar hat nach § 1a BetrAVG der Arbeitnehmer einen Rechtsanspruch auf Entgeltumwandlung. Dennoch liegt nur zwei Dritteln der Beschäftigten der Privatwirtschaft ein entsprechendes Angebot des Arbeitgebers vor bzw. sie nehmen die Möglichkeit der Entgeltumwandlung bereits wahr. Dem übrigen Drittel bietet der Arbeitgeber die Entgeltumwandlung nicht von sich aus an.[47] Um die Verbreitung von Modellen automatischer Entgeltumwandlung zu fördern, ist es daher entscheidend, ihre Attraktivität für Arbeitgeber zu erhöhen.

Automatische Entgeltumwandlung und die damit verbundenen höheren Teilnahmequoten in der betrieblichen Altersvorsorge bringen für den Arbeitgeber einerseits Vorteile mit sich: Bei Arbeitnehmern, die unterhalb der Beitragsbemessungsgrenze verdienen, bedeutet Entgeltumwandlung auch für den Arbeitgeber Ersparnisse bei den Sozialabgaben.[48] Allerdings verhindert die derzeitige Gesetzeslage, dass dieser Vorteil voll zum Tragen

47 Vgl. dazu wie auch zu den folgenden Überlegungen Leinert (2004: 103 f.).

48 Dies gilt, sofern die Ersparnisse nicht oder nur teilweise an die Arbeitnehmer weitergereicht werden.

kommen kann. Denn gemäß § 115 SGB IV gilt bei betrieblicher Altersvorsorge per Entgeltumwandlung die Sozialabgabenfreiheit nur noch bis 2008. Finanzielle Anreize für den Arbeitgeber könnten sich auch ergeben, wenn er für die Vermittlung von Vorsorgeverträgen Provisionen erhält. Darüber hinaus kann die Tatsache, dass der Arbeitgeber dem Arbeitnehmer die Organisation der Altersvorsorge abnimmt und Steuerersparnisse ermöglicht, die Attraktivität des Arbeitgebers erhöhen.

Andererseits birgt automatische Entgeltumwandlung nach derzeitiger Gesetzeslage noch rechtliche Risiken für den Arbeitgeber.[49] Wenn sich eine unzureichend gestaltete Widerspruchsklausel als unwirksam erweisen sollte, hätte der Arbeitnehmer das Recht, rückwirkend vom Arbeitgeber die Auszahlung der einbehaltenen Lohnbestandteile zu verlangen, was eine kostspielige Rückabwicklung der Vorsorgeverträge zur Folge hätte. Dass es dazu kommt, ist allerdings unwahrscheinlich, da eine Entgeltumwandlung dem Arbeitnehmer in der Regel Vorteile bringt und unzufriedene Arbeitnehmer von ihrem Widerspruchsrecht Gebrauch machen würden.

Schwerer wiegen dürften die Haftungsrisiken, die der Arbeitgeber mit jedem Entgeltumwandlungsvertrag übernimmt, auch bei herkömmlicher Entgeltumwandlung. Diese sind zum einen durch die gesetzlichen Regelungen der betrieblichen Altersvorsorge vorgegeben: Auch wenn die betriebliche Altersvorsorge über externe Versorgungsträger abgewickelt wird, trifft den Arbeitgeber nach § 1 Abs. 2 Nr. 2 BetrAVG eine Haftung für den Erhalt der eingezahlten Beiträge abzüglich Risikoanteil („Nominalwertgarantie“). Sofern der Arbeitgeber die individuelle Beratung seiner Arbeitnehmer nicht einem externen Anbieter überlässt, sondern selbst übernimmt, haftet er auch bei Beratungsfehlern oder unterlassenen Hinweisen gegenüber seinen Arbeitnehmern. Zu ersetzen könnten dabei Schäden durch eine nicht sachgerechte Anlagepolitik sein oder – häufiger – dadurch, dass die Teilnahme an der betrieblichen Altersvorsorge in der

[49] Vgl. Engert (2004).

individuellen Lage des Arbeitnehmers unvorteilhaft ist. Ansätze für eine solche Haftung sind in der Rechtssprechung des Bundesarbeitsgerichts und des Bundesgerichtshofes vorhanden.[50] Das Risiko dürfte höher sein, wenn der Arbeitgeber durch Provisionen des Finanzdienstleisters oder Einsparungen bei den Sozialversicherungsbeiträgen ein Eigeninteresse daran hat, möglichst viele seiner Arbeitnehmer für die betriebliche Altersvorsorge zu gewinnen.

Zudem entstehen für die Abwicklung der Vorsorgeverträge Verwaltungskosten. Diese werden je nach Organisationsweise nicht vollständig vom Finanzdienstleister getragen bzw. auf dessen Kunden überwälzt, sondern können dem Arbeitgeber zur Last fallen. Besteht noch keine betriebliche Altersvorsorge, entstehen zudem Fixkosten für die Einführung des Systems, die in geringerem Maße auch dann anfallen, wenn ein externer Finanzdienstleister die Vorsorgeverträge übernimmt. Insbesondere bei kleineren Betrieben können diese Kosten die Einführung betrieblicher Altersvorsorge verhindern.

Unter Abwägung dieser Vor- und Nachteile könnten viele Arbeitgeber vom freiwilligen Angebot automatischer Entgeltumwandlung absehen. Dies aber würde dem expliziten Ziel des Gesetzgebers entgegenwirken, eine hohe Breitenwirksamkeit der betrieblichen Altersvorsorge zu erreichen. Deshalb sollte der Gesetzgeber Rechtssicherheit für automatische Entgeltumwandlung herstellen, indem er die Rahmenbedingungen gesetzlich regelt. Zudem könnte eine Freistellung des Arbeitgebers von einer Haftung unter bestimmten Voraussetzungen erfolgen (Safe-Harbour-Regelung).

Der Aufwand für die Einführung betrieblicher Altersvorsorge sollte vermindert werden, indem die Komplexität der betrieblichen Altersvorsorge verringert wird. So sollten die historisch gewachsenen fünf Durchführungswege in zwei Durchführungswege zusammengefasst werden– einen

[50] Vgl. Loritz (2001).

internen und einen externen. Durch diese Systemvereinfachung ließe sich gleichzeitig die Gefahr von Beratungsfehlern verringern. Am wirksamsten lässt sich das freiwillige Angebot automatischer Entgeltumwandlung jedoch durch einen simplen ökonomischen Anreiz fördern: Die dauerhafte Beibehaltung der Sozialabgabenfreiheit auch für die arbeitnehmerfinanzierte betriebliche Altersvorsorge. Die derzeitige Beschränkung der Sozialabgabenfreiheit bis 2008 stellt nicht nur ein entscheidendes Hindernis für die betriebliche Altersvorsorge dar, sondern ist auch systematisch schwer zu begründen. Denn ginge es nach der derzeitigen Gesetzeslage, käme es künftig gewissermaßen zu einer Doppel-Verbeitragung: Beiträge zur (betrieblichen) Altersvorsorge würden dann mit Beiträgen zur (gesetzlichen) Altersvorsorge belastet.

Zudem könnte, wie in den USA der Fall, die Gewährung einer betrieblichen Altersvorsorge für Führungskräfte an die Voraussetzung geknüpft werden, dass sich auch Geringverdiener in ausreichendem Umfang an der betrieblichen Altersvorsorge beteiligen.[51] Für den Arbeitgeber wäre automatische Entgeltumwandlung ein besonders wirksames Instrument, um diese Voraussetzung zu erfüllen.

Alternativ könnte die Vorsorgepolitik auf die gesetzliche Verpflichtung zum Angebot automatischer Entgeltumwandlung setzen. Welche Verpflichtungsgrade für Arbeitgeber und Arbeitnehmer in der betrieblichen Altersvorsorge möglich sind sowie entsprechende Länderbeispiele sind in Tabelle 5 dargestellt.

[51] Vgl. Thaler (1994: 189) und Insinga (1998: 37).

Tabelle 5:
Länderbeispiele für unterschiedliche Verpflichtungsgrade für Arbeitnehmer und Arbeitgeber bei Entgeltumwandlung für die betriebliche Altersvorsorge

Verpflichtungsgrad			Arbeitnehmer		
			freiwillig		obligatorisch
			herkömmliche Entgeltumwandlung	automatische Entgeltumwandlung	
Arbeitgeber	freiwillig		USA[1]	USA[3]	---[5]
	obligatorisch	auf Nachfrage des Arbeitnehmers	D	---[4]	---[5]
		nachfrageunabhängig	UK[2]	kein Beispiel	CH[6], FIN

[1] Bei 401(k)-Plänen (vgl. Kasten S. 43) am weitesten verbreitetes Modell.
[2] In Betrieben mit fünf und mehr Beschäftigten.
[3] Bei 401(k)-Plänen noch relativ neu, aber mit zunehmender Tendenz.
[4] Diese Optionen ist für automatische Entgeltumwandlung nicht sinnvoll.
[5] Diese Option ist bei einem arbeitnehmerseitigen Obligatorium logisch nicht möglich.
[6] Für Arbeitnehmer die mehr als den „Koordinationsabzug" von etwa 40 % des Durchschnittseinkommens verdienen.

Quelle:
Leinert (2003: 100)

4.5 Erfahrungen aus den USA

Betriebliche Altersvorsorge wird in den USA in der Regel über so genannte 401(k)-Pläne organisiert (siehe Kasten S. 43). Im Jahr 2003 wurden von geschätzten 8 Prozent der 401(k)-Pläne die Arbeitnehmer automatisch in die Entgeltumwandlung einbezogen; bei Vorsorgeplänen mit 5.000 oder mehr Teilnehmern wurde automatische Entgeltumwandlung in 24 Prozent der Fälle genutzt.[52] In den nächsten Jahren ist mit einer weiteren Verbreitung betrieblicher Altersvorsorge per automatischer Entgeltumwandlung zu rechnen.[53]

Die Erfahrung mit automatischer Entgeltumwandlung zeigt, dass dadurch deutlich mehr Arbeitnehmer an der betrieblichen Altersvorsorge teilnehmen und dass sie früher mit ihren Vorsorgebeiträgen beginnen als bei herkömmli-

[52] Vgl. Purcell (2004: 1).
[53] So hält es nach einer Erhebung von Hewitt Associates (2005:11) jeder Vierte Personalverantwortliche für eher wahrscheinlich oder sehr wahrscheinlich, dass in seinem Unternehmen automatische Entgeltumwandlung eingeführt wird.

cher Entgeltumwandlung. So hat die Einführung von automatischer Entgeltumwandlung nach einer Studie von Choi et al. (2001) die Teilnahmequoten teilweise „dramatisch" erhöht. Sie liegen jetzt bei den drei untersuchten Unternehmen unabhängig von der Betriebszugehörigkeit bei über 85 Prozent. Vorher lagen sie nach 6-monatiger Betriebszugehörigkeit bei 26-43 Prozent und bei 3-jähriger oder längerer Betriebszugehörigkeit bei 57-69 Prozent. Andere Untersuchungen kommen zu ähnlichen Ergebnissen.[54]

Automatische Entgeltumwandlung erhöht nicht nur die Teilnahmequoten, sondern wirkt sich auch auf die Zusammensetzung der Teilnehmer aus. Wie eine Studie von Madrian und Shea (2001) zeigt, sind mit Einführung der automatischen Entgeltumwandlung die Teilnahmequoten bei denjenigen Personengruppen besonders stark angestiegen, welche die herkömmliche Entgeltumwandlung bislang nur unterdurchschnittlich oft genutzt hatten: Bei Geringverdienern, jüngeren Beschäftigten und Frauen (Tabelle 6). Dagegen hat das in Deutschland eingeführte Recht auf herkömmliche Entgeltumwandlung insbesondere bei Besserverdienern und Männern zu höheren Teilnahmequoten geführt, also bei Personengruppen, die ohnehin bereits überdurchschnittlich häufig die Möglichkeiten der betrieblichen Altersvorsorge wahrnahmen.[55]

[54] Vgl. z.B. The Profit Sharing/401(k) Council of America (o. J. und o.J.a) und The Vanguard Center for Retirement Research (2001a).

[55] Vgl. Leinert (2003: 14f.).

Tabelle 6:
Automatische Entgeltumwandlung und Teilnahmequoten bei Betriebszugehörigkeit von 3-15 Monaten *

Personengruppe	Teilnahmequote in %		Zuwachs in Prozentpunkten
	herkömmliche Entgeltumwandlung	automatische Entgeltumwandlung	
Insgesamt	37	86	49
nach Geschlecht			
Männer	42	86	44
Frauen	36	86	50
nach Alter			
20-29	25	83	58
30-39	37	86	49
40-49	47	90	43
50-59	52	90	38
60-64	60	86	26
nach Jahreslohn in $			
< 20.000	13	80	67
20.000 – 29.000	25	83	58
30.000 – 39.000	42	89	47
40.000 – 49.000	51	92	41
50.000 – 59.000	62	93	31
60.000 – 69.000	60	95	35
70.000 – 79.000	58	92	34
> 80.000	68	94	26

Quelle:
Madrina und Shea (2000: 51, Tab. 5)

Allerdings stimmen bei automatischer Entgeltumwandlung die meisten Arbeitnehmer per passiver Entscheidung nicht nur der Teilnahme an der betrieblichen Altersvorsorge zu, sondern auch dem passiven Status Quo für die Sparquote.[56] Dieser ist in den USA in der Regel gering.[57] In der Folge ist zu beobachten, dass die Sparquote der Teilnehmer nach Einführung der automatischen Entgeltumwandlung im Durchschnitt deutlich gesunken ist. In dem von Madrian und Shea (2001) untersuchten Unternehmen betrug die durchschnittliche Sparquote ursprünglich 7,3 Prozent des Gehalts. Bei Einführung der automatischen Entgeltumwandlung wurden 3 Prozent als passiver Status Quo festgelegt. Da ein Großteil der automatisch in die betriebliche Altersvorsorge einbezogenen Teilnehmer es bei dieser Sparquote beließ, sank deren durchschnittliche Sparquote auf 4,4 Prozent.

Ähnliches zeigte sich bei den drei von Choi et. al. (2001) untersuchten Unternehmen. Vor Einführung der automatischen Entgeltumwandlung lag die am häufigsten gewählte Sparquote in allen drei Betrieben bei 6 Prozent, was dem Schwellenwert für Arbeitgeberzuschüsse entsprach. Nach Einführung der automatischen Entgeltumwandlung sank die häufigste Sparquote auf den Wert des passiven Status Quo von 2 Prozent des Gehalts ab. Wurde die durchschnittliche Ersparnis aller Beschäftigten nach Einführung der automatischen Entgeltumwandlung berechnet, ergab sich keine wesentliche Änderung: Die positiven Effekte der höheren Teilnahmequote und die negativen Effekte der geringeren Sparquote der Teilnehmer glichen sich in etwa aus.

56 Vgl. Profit Sharing/401(k) Council of America (o.J.A), vgl. The Vanguard Center for Retirement Research (2001).

57 Vgl. The Vanguard Center for Retirement Research (2001: 5).

Betriebliche Altersvorsorge über 401(k)-Sparpläne

Bei der Festlegung der wichtigsten Elemente von 401(k)-Sparplänen können Arbeitgeber relativ große Gestaltungsspielräume nutzen. In den meisten Fällen ermöglichen sie es ihren Arbeitnehmern, einen bestimmten Prozentsatz ihres Einkommens in 401(k)-Plänen anzusparen, häufig bis zu 15 Prozent. In der Regel dürfen Arbeitnehmer ihre Beitragszahlungen jederzeit aussetzen; Arbeitgeber sind allerdings nicht verpflichtet, diese Möglichkeit zu gewähren.

Häufig stocken Arbeitgeber die Vorsorgebeiträge ihrer Arbeitnehmer auf. Beispielsweise legen sie bis zu einer Grenze von 6 Prozent des Lohneinkommens für jeden Dollar, den der Arbeitnehmer spart, weitere 50 Cent dazu. Arbeitnehmerbeiträge sind sofort unverfallbar. Arbeitgeberbeiträge sind entweder nach 3 Jahren zu 100 Prozent unverfallbar oder nach zwei Jahren zu 20 Prozent unverfallbar, wobei sich dieser Prozentsatz jedes Jahr um weitere 20 Prozent erhöht, bis nach sechs Jahren 100 Prozent erreicht sind.

Es gilt die nachgelagerte Besteuerung, d.h. Beiträge können aus unversteuertem Einkommen geleistet werden. Gesetzliches Maximum für steuerfreie Arbeitnehmerbeiträge sind 14.000 Dollar pro Jahr (ab 2006: 15.000 Dollar); bei 50-Jährigen oder Älteren erhöht sich diese Grenze um weitere 4.000 Dollar. Versteuert wird das Vorsorgekapital bei Auszahlung. Auszahlungen vor dem Alter von 59,5 Jahren werden zusätzlich zur normalen Einkommenssteuer mit einer 10-prozentigen Strafsteuer belegt.

Bei Arbeitgeberwechsel kann das unverfallbare Vorsorgekapital auf einen 401(k)-Plan des neuen Arbeitgebers oder auf ein staatlich anerkanntes individuelles Vorsorgekonto („individual retirement account", IRA) übertragen werden, um die Strafsteuern zu vermeiden, die bei Auszahlung fällig würden. Beträgt das Vorsorgekapital mehr als 5.000 Dollar, kann es auch im 401(k)-Plan des alten Arbeitgebers belassen werden.

Der Arbeitgeber kann eine vorzeitige Auszahlung in finanziellen Härtefällen anbieten, ist aber dazu nicht verpflichtet. Als finanzieller Härtefall gilt es beispielsweise, wenn das Geld benötigt wird, um durch die Begleichung von (Miet-) Schulden eine Zwangsräumung zu verhindern oder wenn Mittel zur Finanzierung von Aus- und Weiterbildung, Gesundheitsausgaben oder Immobilienerwerb benötigt werden. Erfolgt die vorzeitige Auszahlung vor dem Alter von 59,5 Jahren, werden darauf Einkommens- und Strafsteuer fällig.

Eine Beleihung des Vorsorgekapitals ist ebenfalls zulässig, muss vom Arbeitgeber aber wiederum nicht angeboten werden. In der Regel werden Darlehen bis zur Hälfte des unverfallbaren Vorsorgekapitals, maximal aber 50.000 Dollar, gewährt (gesetzliche Höchstgrenze) und sind an einen ähnlichen Verwendungszweck geknüpft wie die geschilderten finanziellen Härtefälle. Darlehen müssen einschließlich der Sollzinsen in der Regel innerhalb von 5 Jahren vollständig zurückgezahlt werden. Anderenfalls gilt die noch nicht getilgte Summe als vorzeitige Auszahlung, die je nach Alter neben der Einkommenssteuer mit einer 10-prozentigen Strafsteuer belegt wird.

Quelle: www.401k.org

5. Intelligente Dynamik als Vorsorge-Turbo

5.1 Wirkungsweise der intelligenten Dynamik

Eine Übergewichtung der Gegenwart erschwert die Umsetzung von Altersvorsorge, weil sie die sofortigen psychologischen Kosten der Auseinandersetzung mit der Materie als unverhältnismäßig hoch erscheinen lässt. Eine Übergewichtung der Gegenwart steht der Altersvorsorge aber noch aus einem anderen Grund entgegen: In dem Moment, in dem ein Vorsorgevertrag abgeschlossen wird bzw. die ersten Vorsorgebeiträge abgebucht werden, führt die bislang nur für künftige Perioden abstrakt geplante Ersparnisbildung zu einer konkreten und sofortigen Reduktion des verfügbaren Einkommens und damit der Konsummöglichkeiten – was bei einer Übergewichtung der Gegenwart ebenfalls als besonders einschneidend empfunden wird.

Dazu kommt eine weitere Besonderheit des menschlichen Empfindens, die den Verlust an Konsummöglichkeiten nochmals schwerer wiegen lässt: Verluste werden in der Regel als besonders gravierend empfunden und führen zu deutlich größeren Nutzeneinbußen als Gewinne gleichen Umfangs den Nutzen erhöhen würden („Verlustaversion“).[58] Dies sei an einem Beispiel verdeutlicht. Die Erhöhung des Lebensstandards nach der Ausbildung oder mit dem Aufstieg im Berufsleben ist für viele Menschen fast schon eine Selbstverständlichkeit, die eher beiläufig zur Kenntnis genommen wird. Eine Absenkung des Lebensstandards würde dagegen leicht als untragbare Zumutung empfunden: Der Ärger über eine 10-prozentige Lohnkürzung würde viel schwerer wiegen als die Freude über eine Lohnerhöhung gleichen Umfangs. Empirische Schätzungen kommen sogar zu dem Ergebnis, dass der Schmerz über Verluste doppelt so groß ist wie die Freude über Gewinne.[59]

[58] Vgl. Galanter und Pliner (1974).
[59] Vgl. Thaler und Benartzi (2001: 7).

Wird darauf bei der Gestaltung von Vorsorgemodellen keine Rücksicht genommen, kann die Altersvorsorge scheitern. Dagegen berücksichtigen intelligente Dynamiken, die in den USA als „Save More Tomorrow"-Verträge diskutiert werden, das menschliche Empfinden. Sie zeichnen sich durch vier Charakteristika aus:[60]

- Dem Arbeitnehmer wird eine beträchtliche Zeit vor der voraussichtlichen nächsten Gehaltserhöhung angeboten, einen zeitverzögert wirksam werdenden Vertrag über den Beginn bzw. die Erhöhung einer bereits vorhandenen Altersvorsorge abzuschließen.
- Der erstmalige bzw. der erhöhte Sparbeitrag wird direkt von der ersten erhöhten Gehaltszahlung abgezogen.
- Die Sparquote wird mit jeder Gehaltssteigerung erhöht, bis eine vereinbarte maximale Sparquote erreicht ist.
- Der Arbeitnehmer hat ein jederzeitiges Recht, auf die Erhöhung der Sparquote zu verzichten oder die Sparbeiträge ganz auszusetzen. Selbst wenn zu erwarten ist, dass nur wenige Arbeitnehmer von dieser Möglichkeit Gebrauch machen, ist sie wichtig, um den Arbeitnehmern angesichts von Unsicherheiten über ihre künftige finanzielle Situation eine Teilnahme zu erleichtern.[61]

Mit dieser Konstruktion werden zwei wesentliche Hindernisse für den Abschluss von Vorsorgeverträgen ausgeräumt. Erstens wird in der Gegenwart ein Vertrag über Sparbeiträge abgeschlossen, die erst in Zukunft zu leisten sind. Dadurch wird verhindert, dass der Abschluss eines Vorsorgevertrages

[60] Vgl. Thaler und Benartzi (2001: 8 f.)

[61] Dieses jederzeitige Kündigungs*recht* führt bei einer Übergewichtung der Gegenwart allerdings faktisch dazu, dass eine Kündigung erschwert wird, selbst wenn sie beabsichtigt ist. Existiert keine Kündigungsfrist, sondern ist eine Kündigung täglich möglich, sind Nutzeneinbußen des Verschiebens der Kündigung gering. Dem stehen hoch gewichtete psychologische Kosten in der Periode der Kündigung gegenüber. Dadurch steigt die Wahrscheinlichkeit, dass die Kündigung immer wieder verschoben wird.

mit sofortigem Konsumverzicht verbunden ist, der bei Übergewichtung gegenwärtiger Kosten und Nutzen als unverhältnismäßig hoch erschiene.[62] Zweitens werden die Beiträge aus Lohn- und Gehaltssteigerungen gezahlt, führen also nicht zu einer Minderung des Lebensstandards. Dadurch wird verhindert, dass die Einschränkung der Konsummöglichkeiten als unverhältnismäßig hoch erscheint.

Dieser zweite Mechanismus lässt sich durch einen kurzen Exkurs verdeutlichen: Die menschliche Wahrnehmung ist weniger auf die Bewertung von absoluten Größen als vielmehr auf die Bewertung von Zustandsänderungen ausgerichtet. Bei der Reaktion auf Helligkeit, Lautstärke oder Temperatur werden die Level, an die man sich gewöhnt hat, zu einem Referenzpunkt. Änderungen werden in Relation zu diesem Referenzpunkt wahrgenommen: Ob nach einer längeren Zugreise die Außentemperatur am Ankunftsort als kalt oder warm empfunden wird, hängt nicht davon ab, wie viel Grad Celsius dort herrschen, sondern davon, an welche Temperaturen man sich im (klimatisierten) Zugabteil gewöhnt hat.[63]

Ähnliches gilt für Einkommen und Vermögen. Änderungen werden hauptsächlich als Gewinne und Verluste gegenüber einem neutralen Referenzpunkt wahrgenommen; welche absolute Einkommens- und Vermögensposition sich daraus ergibt ist weniger relevant.[64] Als besonders einschneidend werden Vorsorgebeiträge dann empfunden, wenn sie das gewohnte Konsumniveau verringern und daher als Verluste angesehen werden. Genau dieses Verlustempfinden verhindern intelligente Dynami-

[62] Zwar steht dem durch den späteren Vorsorgebeginn ein im Ruhestand geringer Mehrkonsum aus Altersvorsorge entgegen. Aufgrund der zeitlichen Entfernung wird der entgangene Mehrkonsum im Ruhestand aber sehr viel geringer gewichtet als der zusätzliche Gegenwartskonsum.

[63] Vgl. dazu die Adaptionsleveltheorie von Helson (1964).

[64] Vgl. Kahnemann und Tversky (1979).

ken. Dadurch, dass die Vorsorgebeiträge bzw. deren Erhöhung aus einer Lohn*steigerung* gezahlt werden, schmälern sie das verfügbare Einkommen nicht. Das Nettoeinkommen bzw. Konsumniveau steigt lediglich weniger stark an, als dies ohne Beiträge zur Altersvorsorge der Fall gewesen wäre. Dadurch kommt es nicht zu einem Verlust, sondern zu einem geringeren Zugewinn an Lebensstandard.

Die Zahlung erstmaliger oder erhöhter Vorsorgebeiträge wird auf diese Weise als wesentlich weniger einschneidend empfunden. Mit intelligenten Dynamkiken lässt sich eine substanzielle Altersvorsorge trotz hoher Sparbeiträge quasi schmerzlos aufbauen, wie Tabelle 7 verdeutlicht. Wird beispielsweise ein Prozentpunkt einer jährlichen Lohnerhöhung von 2,5 Prozent für die Erhöhung der Sparquote verwendet,[65] steigt der monatlich Sparbeitrag rapide an: Bei einem Ausgangslohn von 2.500 Euro erreicht er im zehnten Jahre 312 Euro.[66]

Zum Vergleich: In Deutschland sind bei Kapitallebensversicherungen Dynamiken üblich, bei denen der Sparbeitrag jährlich um einen bestimmten Prozentsatz steigt. Dabei steigt er entweder um denselben Prozentsatz wie die Beitragsbemessungsgrenze der gesetzlichen Rentenversicherung oder um einen fest vereinbarten Prozentsatz, in der Regel bis zu 5 Prozent. Da

[65] Verglichen mit den vorliegenden Prognosen zur durchschnittlichen mittel- und langfristigen Entwicklung der nominalen Bruttolöhne wurde für dieses Beispiel ein eher vorsichtiger Wert angesetzt: So veranschlagt das Institut für Arbeitsmarkt und Berufsforschung (IAB) eine Wachstumsrate von 2,6 Prozent bis 2015. Die Rürup-Kommission geht von einem durchschnittlichen Lohnwachstum von 3 Prozent aus (bis 2040), das DIW setzt 3,0 bis 3,25 Prozent an (bis 2050). Bei der mehrheitlich angenommenen Entwicklung der Inflationsrate von 1,5 Prozent (Ausnahme IAB: 1,7 Prozent) entspricht dies Wachstumsraten der realen Bruttolöhne von 0,9 bis 1,75 Prozent pro Jahr. Vgl. zu einer Übersicht Börsch-Supan, Ludwig und Reil-Held (2004: 15).

[66] Die Höhe der unterstellten Lohnsteigerung hat nur mäßigen Einfluss auf die Höhe des Sparbeitrages: Bei 2 Prozent Lohnsteigerung würde er nach 10 Jahren 299 Euro erreichen, bei 3 Prozent läge er bei 326 Euro.

Abbildung 3:

Entwicklung eines Sparbeitrags von anfänglich 25 Euro bei unterschiedlichen Dynamiken

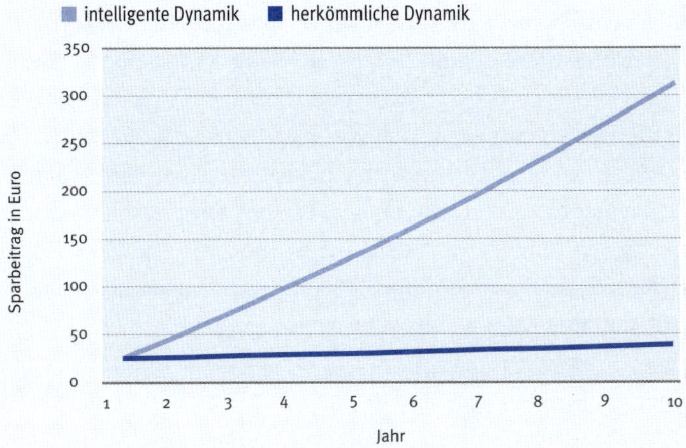

Exakte Daten: Genaue Zahlen zu dieser Abbildung finden Sie auf Seite 52, Tabelle 7, Zeile (1) und (5)

die Bezugsgröße viel geringer ist als bei der intelligenten Dynamik, fällt auch die absolute Erhöhung der Sparbeträge wesentlich geringer aus. Im Beispiel werden nach 10 Jahren nur 39 statt 312 Euro erreicht.

Welche Unterschiede für den Lebensstandard im Alter sich je nach Dynamik ergeben, lässt sich mit einem weiteren Beispiel verdeutlichen (siehe Tabelle 8). Dabei wird angenommen, dass eine 30-Jährige Person 35 Jahre lang, d.h. bis 2040 Beiträge zahlt. Bei der herkömmlichen Dynamik steigen die Monatsbeiträge in diesem Zeitraum jährlich um 5 Prozent an. Bei der intelligenten Dynamik steigt in den ersten 10 Jahren die Spar*quote* auf 10 Prozent an; ab dem elften Jahr erhöhen sich die Spar*beiträge* nur noch mit der Rate der jährlichen Lohnerhöhung von 2,5 Prozent. Ferner wird vereinfachend angenommen, dass die Sparbeiträge jährlich vorschüssig gezahlt und die Ersparnisse mit nominal 4 Prozent p.a. verzinst werden.[67]

[67] Einen nominalen Zinssatz von 4,0 Prozent unterstellen für ihre Kalkulationen auch die Rürup-Kommission (2003: 206) und der Sozialbeirat (2004: 34 f.).

Bei der intelligenten Dynamik ist das nominale Ruhestandskapital unter diesen Annahmen mit rund 276.000 Euro fast sechs mal höher als bei der herkömmlichen Dynamik mit rund 49.000 Euro.

Welche Rentenzahlungen sich durch Umwandlung dieses Kapitals in eine lebenslange Rente („Leibrente") ergeben, hängt entscheidend von den verwendeten Annahmen zur künftigen Entwicklung der Lebenserwartung ab. Die Rürup-Kommission geht davon aus, dass 65-Jährige in den alten Bundesländern im Jahr 2040 noch eine Lebenserwartung von weiteren 19 Jahren (Männer) bzw. 23 Jahren (Frauen) haben.[68] Die privaten Rentenversicherer dagegen kalkulieren anhand der Sterbetafel DAV 2004 R damit, dass 65-Jährige Versicherte im Jahr 2040 noch eine Lebenserwartung von weiteren 30 Jahren (Männer) bzw. 34 Jahren (Frauen) haben.[69] Dabei ist allerdings zu beachten, dass die Werte der privaten Rentenversicherer zum einen Sicherheitszuschläge beinhalten und sich zum anderen auf Versicherte beziehen, die eine höhere Lebenserwartung haben, als die Gesamtheit der Bevölkerung. Wesentlicher Grund dafür sind so genannte Selektionseffekte: Wer davon ausgeht, nicht mehr lange zu leben, schließt keine Rentenversicherung ab.

Angesichts dieser Spannweite bei der prognostizierten Entwicklung der Lebenserwartung verbieten sich Beispielrechnungen, die einen einzigen Wert als wahrscheinlich suggerieren. Im Folgenden werden daher für beide Varianten Kalkulationen vorgenommen, die eine Vorstellung über die zu erwartenden Größenordnungen vermitteln sollen. Dabei wird vereinfachend davon ausgegangen, dass das Vorsorgekapital in jährlich um 1,5 Prozent steigenden[70] Beträgen über die restliche Lebenserwartung verteilt und jährlich vorschüssig ausgezahlt wird; als Monatsrente wird 1/12 der Jahreszahlung unterstellt.

68 Vgl. Rürup-Kommission (2003: 54).
69 Vgl. Deutsche Aktuarvereinigung (2004: 7)
70 Die jährliche Steigerung der Rentenzahlungen gleicht damit die Kaufkraftverluste durch die (s.u.) unterstellte Inflationsrate von 1,5 Prozent gerade aus.

Wird die Lebenserwartung laut Rürup-Kommission zugrunde gelegt, ergeben sich daraus rechnerisch im Jahr 2040 monatliche Rentenzahlungen in Höhe von rund 1.490 Euro für Männer bzw. 1.290 Euro für Frauen bei der intelligenten Dynamik und von rund 270 Euro für Männer bzw. 230 Euro für Frauen bei der herkömmlichen Dynamik. Wird die Lebenserwartung gemäß den Kalkulationsgrundlagen der privaten Rentenversicherer zugrunde gelegt, ergeben sich daraus rechnerisch monatliche Rentenzahlungen in Höhe von rund 1.070 Euro für Männer bzw. 980 Euro für Frauen bei der intelligenten Dynamik und von rund 190 Euro für Männer bzw. 170 Euro für Frauen bei der herkömmlichen Dynamik. Allerdings sind bei diesen rechnerischen Monatsrenten noch keine Abschluss- und Verwaltungskosten berücksichtigt. Bei Abschluss einer privaten oder betrieblichen Rentenversicherung verringern sich die tatsächlichen Rentenzahlungen entsprechend.

Diese Zahlen beziehen sich auf den Geldwert in 35 Jahren. Aufgrund der Geldentwertung durch Inflation fällt die Kaufkraft entsprechend geringer aus. Bei einer Inflationsrate von jährlich 1,5 Prozent – wie sie häufig für die lange Frist unterstellt wird[71] – sinkt die Kaufkraft des Geldes in den nächsten 35 Jahren um 41 Prozent. Um zu verdeutlichen, welche Auswirkungen dies hat, sind in Tabelle 8 auch alle realen, d.h. inflationsbereinigten, Werte ausgewiesen. Da eine jährliche Rentensteigerung in Höhe der Inflationsrate unterstellt wurde, gelten diese realen Werte für die gesamte Rentenbezugsdauer.

[71] Vgl. Fußnote 65.

Tabelle 7:
Sparbeiträge: Intelligente Dynamik und herkömmliche Dynamik im Vergleich

Beträge in Euro (außer Zeile 4)	Jahre									
	1	2	3	4	5	6	7	8	9	10
Herkömmliche Dynamik (Beitragserhöhung 5 Prozent pro Jahr)										
(1) Sparbeitrag	25	26	28	29	30	32	34	35	37	39
Intelligente Dynamik (Beitragserhöhung 1 Prozentpunkt der jährlichen Lohnerhöhung)										
(2) Alter Lohn	2.500	2.563	2.627	2.692	2.760	2.829	2.899	2.972	3.046	3.122
(3) Neuer Lohn (+2,5 %)	2.563	2.627	2.692	2.760	2.829	2.899	2.972	3.046	3.122	3.200
(4) Spar*quote* in %	1	2	3	4	5	6	7	8	9	10
(5) Spar*beitrag*	25	51	79	108	138	170	203	238	274	312
(6) Neuer Lohn abzüglich Sparbeitrag	2.538	2.575	2.613	2.652	2.691	2.730	2.769	2.808	2.848	2.888

Lesebeispiel für das erste Jahr: Der alte Lohn, d.h. vor der Erhöhung, beträgt 2.500 Euro (2). Eine 2,5-prozentige Lohnerhöhung führt zu einem neuen Lohn von 2563 Euro (3). Für den Auf- bzw. Ausbau der Altersvorsorge wird 1 Prozentpunkt der Lohnerhöhung verwendet; die Sparquote steigt von 0 auf 1 Prozent des (alten) Lohnes (4). Damit beträgt der Sparbeitrag 25 Euro (5). Der neue Lohn abzüglich Sparbeitrag liegt entsprechend bei 2563 – 25 = 2538 Euro (6). Wie aus dieser letzten Zeile deutlich wird, steigt der (nominale) Lohn nach Altersvorsorge trotz der stetigen Erhöhung der Sparbeiträge kontinuierlich an.

Quelle:
Eigene Berechnungen, auf volle Euro gerundet.

Tabelle 8:
Vorsorgeergebnis: Intelligente Dynamik und herkömmlicher Dynamik im Vergleich

Vorsorgekapital* bzw. Monatsrente** in Euro	intelligente Dynamik, Verzinsung in %		herkömmliche Dynamik, Verzinsung in %	
	4	5	4	5
Nominalwerte im Jahr 2040, d.h. **nicht** inflationsbereinigt				
Vorsorgekapital	275.886	326.064	48.982	57.918
Rente I Männer (Rentenbezug: 19 Jahre***)	1.493	1.907	265	339
Rente I Frauen (Rentenbezug: 23 Jahre***)	1.290	1.673	229	297
Rente II Männer (Rentenbezug: 30 Jahre****)	1.067	1.419	189	252
Rente II Frauen (Rentenbezug: 34 Jahre****)	982	1.324	174	235
Realwerte im Jahr 2040, inflationsbereinigt mit angenommenen 1,5 Prozent Inflationsrate über 35 Jahre				
Vorsorgekapital	163.839	193.639	29.089	34.396
Rente I Männer (Rentenbezug: 19 Jahre***)	887	1.133	157	201
Rente I Frauen (Rentenbezug: 23 Jahre***)	766	993	136	176
Rente II Männer (Rentenbezug: 30 Jahre****)	634	843	112	150
Rente II Frauen (Rentenbezug: 34 Jahre****)	583	786	104	140

* kalkuliert bei jährlich vorschüssiger Zahlungsweise; zu den restlichen Annahmen siehe Erläuterungen im Text.

** kalkuliert bei jährlich vorschüssiger Zahlungsweise als 1/12 einer jährlich um 1,5 % steigenden Auszahlung ab dem Alter 65 bis zur statistischen Restlebenserwartung

*** statistische Restlebenserwartung für eine westdeutsche Person, die 2040 das Lebensalter 65 erreicht laut Rürup-Kommisson

**** statistische Restlebenserwartung für eine Person, die 2040 das Lebensalter 65 erreicht laut Sterbetafel DAV 2004 R

Dass intelligente Dynamiken den Wünschen der Bevölkerung entgegenkommen, verdeutlichen die Ergebnisse der Bertelsmann Stiftung Vorsorgeerhebung 2002. Demnach wollten zwar zwei von fünf Befragten ihre persönliche Altersvorsorge erhöhen – allerdings erst mit deutlicher zeitlicher Verzögerung. Nur rund 8 Prozent der vorsorgebereiten Befragten wollten mit der Umsetzung ihrer Vorsorgepläne relativ zeitnah, d.h. innerhalb von drei Monaten nach der Befragung beginnen. Auch scheint das Phänomen der Verlustaversion weit verbreitet zu sein, so dass eine Zahlung der Vorsorgebeiträge aus Gehaltserhöhungen den Deutschen entgegenkommen würde. 57 Prozent der vorsorgebereiten Befragten wollten die Mittel für die Altersvorsorge u.a. aus gestiegenem Einkommen (d.h.: geringere Erhöhung des Lebensstandards) aufbringen. Eine Finanzierung der Vorsorgebeiträge u.a. über Konsumverzicht (d.h.: Verlust an Lebensstandard) planten dagegen nur 29 Prozent.[72]

5.2 Erfahrungen aus den USA

In den USA wurden 1998 die ersten intelligenten Dynamiken eingeführt. Eine Untersuchung des ersten derartigen Vorsorgemodells belegt eindrucksvoll, dass dadurch nicht nur die Teilnahmequote, sondern auch die Sparquote in die Höhe schnellt. Die entsprechenden Sparverträge sahen vor, dass bis zum Erreichen des steuerlich geförderten Maximums die Sparquote jährlich zum Zeitpunkt der Lohnanpassungen um 3 Prozentpunkte angehoben wird. Obwohl die Nominallohnsteigerungen kaum höher lagen, waren die Teilnahmebereitschaft sehr groß:[73]

- Die meisten Arbeitnehmer (78 Prozent), denen eine solche Altersvorsorge angeboten wurde, nahmen daran teil
- fast alle Teilnehmer (98 Prozent) machten zwei Beitragserhöhungen mit
- die übergroße Mehrheit (80 Prozent) machte sogar drei Beitragserhöhungen mit und
- die durchschnittliche Sparquote der Teilnehmer stieg von 3,5 auf 11,6 Prozent innerhalb eines Zeitraums von nur 28 Monaten.

[72] Vgl. Reinfer, Tiffe und Turner (2003: 199f.).
[73] Vgl. Thaler und Benartzi (2001: 9-13).

6. Fazit

Unter den gegenwärtigen Rahmenbedingungen sind die Teilnahmequoten bei der Riester-Rente gering; die verbesserten Möglichkeiten zur betrieblichen Altersvorsorge nutzen vor allem diejenigen Personengruppen, die ohnehin schon überdurchschnittlich gut abgesichert sind. Dagegen stellt die automatische Entgeltumwandlung einen vielversprechenden Weg dar, die Teilnahmequoten deutlich zu steigern – vor allem bei denjenigen Personengruppen, bei denen die Zusatzvorsorge besonders schwach ausgeprägt ist. Das Widerspruchsrecht stellt sicher, dass die uneingeschränkte Wahlfreiheit bestehen bleibt, sich für oder gegen die betriebliche Altersvorsorge zu entscheiden. Kombiniert mit einer intelligenten Dynamik kann die automatische Entgeltumwandlung zudem hohe Sparquoten erreichen, ohne dass die Teilnehmer deswegen ihren Lebensstandard senken müssen. In den **Grundzügen** könnte eine entsprechende betriebliche Altersvorsorge folgende Elemente enthalten:

- Automatischer Einbezug in die betriebliche Altersvorsorge, sofern der Arbeitnehmer nicht bereits daran teilnimmt
- Widerspruchsrecht bis zur Zahlung der ersten Sparbeiträge
- Zahlung der anfänglichen Sparbeiträge bei neu eingestellten Arbeitnehmern ab dem ersten Gehalt[74]
- Zahlung der anfänglichen Sparbeiträge bei bereits Beschäftigten beginnend mit der nächsten Gehaltserhöhung[75]
- Verwendung von 1 Prozentpunkt[76] jeder weiteren Gehaltserhöhung zur Erhöhung der Sparquote

74 Bei neu eingestellten Arbeitnehmern dürfte in der Regel das erste Gehalt oberhalb des bisherigen Einkommens liegen, so dass der Abzug der Sparbeiträge den Lebensstandard nicht senkt. Unmittelbar plausibel ist dies für Berufseinsteiger oder ehemalig Arbeitslose, aber auch für Arbeitnehmer, die ihren Job gewechselt haben, um sich zu verbessern. Deswegen kann bei Neueinstellungen die anfängliche Sparquote im passiven Status Quo auf 2 bis 4 Prozent des Lohnes festgesetzt werden.

75 Der im passiven Status Quo vorgesehene erstmalige Sparbeitrag sollte in diesem Fall die Gehaltserhöhung nicht übersteigen, damit Verluste an verfügbarem Einkommen vermieden werden.

76 Gerundete Größenangabe; der benötigte Beitrag zur Erhöhung der Sparquote um einen Prozentpunkt liegt marginal höher als 1 Prozentpunkt der Gehaltserhöhung.

- Deckelung der Sparquote, wenn diese ein festgelegtes Maximum erreicht
- Kapitalbildung in einem versicherungsförmigen Durchführungsweg, um Portabilität zu erleichtern.

Um die **Wahlfreiheit** des Arbeitnehmers bezüglich Teilnahme, Sparbeitrag und Kapitalanlage sicherzustellen, sollten angemessene Widerspruchs- und Wahlrechte gewährt werden:

- Möglichkeit, innerhalb der Widerspruchsfrist ohne jegliche Einschränkung und Begründung den automatischen Einbezug in die betriebliche Altersvorsorge zu stoppen
- Möglichkeit, die Zahlung der Beiträge auszusetzen
- Möglichkeit, die jährliche Erhöhung der Beiträge auszusetzen
- Möglichkeit, höhere Beiträge zu zahlen als standardgemäß vorgesehen, z.B. durch einen höheren Anfangsbeitrag als im passiven Status Quo vorgesehen
- Wahlmöglichkeit zwischen einem Vorsorgevertrag mit konservativerer Kapitalanlage und einem Vorsorgevertrag mit höheren Renditechancen bei größerem Risiko.

Um **Transparenz** zu gewährleisten sollten Arbeitnehmer jährlich rechtzeitig vor Inkrafttreten der Beitragserhöhung über deren Auswirkungen und ihre Wahlrechte informiert werden. Vor allem aber sollten Arbeitnehmer vor Beginn der automatischen Entgeltumwandlung informiert werden über:

- Den Sparbeitrag, der automatisch vom Gehalt abgezogen wird und die vorgesehenen Beitragserhöhungen.
- Das Recht, die automatische Entgeltumwandlung zu stoppen und eine Belehrung darüber, wann und wie entschieden werden kann, dies zu tun.

- Die Möglichkeit, den anfänglich vorgesehenen Sparbeitrag oder die vorgesehenen Beitragserhöhungen abzuändern oder mit den Beitragszahlungen auszusetzen und Erläuterungen, wann und wie dies getan werden kann.
- Die Möglichkeit, anstelle des standardgemäß vorgesehenen Anlageproduktes eine Alternative zu wählen und Erläuterungen, wann und wie dies geschehen kann und welche Konsequenzen sich daraus insbesondere hinsichtlich Risiko und Erwartungswert der Rendite ergeben.

Damit Arbeitgeber automatische Entgeltumwandlung von sich aus anbieten und Arbeitnehmer dieses Angebot auch auf flexiblen Arbeitsmärkten annehmen, sollte die Vorsorgepolitik **unterstützende Rahmenbedingungen** herstellen:

- Sozialversicherungsfreiheit der Vorsorgebeiträge per Entgeltumwandlung über 2008 hinaus
- Rechtssicherheit durch gesetzliche Regelung der Rahmenbedingungen für automatische Entgeltumwandlung
- Vereinfachung der Regelungen zur betrieblichen Altersvorsorge durch Zusammenführung der bisherigen fünf Durchführungswege auf einen internen und einen externen Durchführungsweg
- Erleichterung der Entgeltumwandlung von tarifgebundenen Entgelten durch Änderung des § 17 Abs. 5 BetrAVG
- Recht des Arbeitnehmers auf Übernahme des alten Vorsorgevertrages durch einen neuen Arbeitgeber – sofern die Anwartschafen unverfallbar sind und ein versicherungsförmiger Durchführungsweg gewählt wurde - bei gleichzeitiger Haftungsbefreiung des neuen Arbeitgebers unter bestimmten Bedingungen.

Literaturverzeichnis

BAUCHMÜLLER, MICHAEL (2005): Union streitet über private Altersvorsorge. In: Süddeutsche Zeitung vom 28. Juli 2005, S. 5.

BÖRSCH-SUPAN, AXEL (2004): Aus der Not eine Tugend – Zukunftsperspektiven einer alternden Gesellschaft. mea Discussion Paper 54-2004.

BÖRSCH-SUPAN, AXEL; LUDWIG, ALEXANDER; REIL-HELD, ANETTE (2004): Hochrechnungsmethoden und Szenarien für gesetzliche und private Renteninformationen. mea Discussion Paper 49-2004.

BÖRSCH-SUPAN, AXEL; ESSIG, LOTHAR; WILLKE, CHRISTINA (2005): Rentenlücken und Lebenserwartung: Wie sich die Deutschen auf den Anstieg vorbereiten, hrsg. vom Deutschen Institut für Altersvorsorge. Köln 2005.

BUNDESMINISTERIUM FÜR GESUNDHEIT UND SOZIALE SICHERUNG (2005): Entwicklung der privaten Altersvorsorge. Stand: 30.06.2005. Zusammengestellt vom Referat 416 (Zusätzliche Altersvorsorge).

BUNDESVERBAND INVESTMENT UND ASSET MANAGEMENT e.v. (2003): Das Altersvorsorge-Konto – Chancengleichheit für alle. o.O. 2003. Im Internet verfügbar unter www.bvi.de.

BUTTLER, ANDREAS; KÜMMERLE, KATRIN (2005): Betriebliche Altersversorgung bei Arbeitgeberwechsel. Die neue Portabilität in der Praxis, hrsg. von febs Consulting. München 2005.

CHOI, JAMES J.; LAIBSON, DAVID; MADRIAN, BRIGITTE C.; METRICK, ANDREW (2003): Passive Decisions and Potent Defaults. Working Paper, 19. Juni 2003, verfügbar im Internet unter http://www.economics.harvard.edu.

CHOI, JAMES J.; LAIBSON, DAVID; MADRIAN, BRIGITTE; METRICK, ANDREW (2001): For Better or For Worse: Default Effects and 401(k) Savings Behavior. Working Paper, 9. November 2001, verfügbar im Internet unter http://www.jcpr.org.

CHOI, JAMES J.; LAIBSON, DAVID; MADRIAN, BRIGITTE; METRICK, ANDREW (2001a): Defined Contribution Pensions: Plan Rules, Participant Decisions, and the Path of Least Resistance. Working Paper, 9. November 2001, verfügbar im Internet unter http:// www.nber.org.

DEUTSCHE AKTUARVEREINIGUNG (2004): Hintergrund: Vorschlag der AG Biometrie der deutschen Aktuarvereinigung zur Einführung neuer Sterbetafeln für private Rentenversicherungen. o.O. 2004.

DEUTSCHES INSTITUT FÜR ALTERSVORSORGE (2005, HRSG.): Das DIA-Rentenbarometer 2005. o.O. 2005, verfügbar im Internet unter http://www.dia-vorsorge.de.

ENGERT, ANDREAS (2004): Die automatische Einbeziehung des Arbeitnehmers in die betriebliche Altersversorgung. In: Zeitschrift für Arbeitsrecht 35 (2004), S. 311-333.

ESCHER, HENNING (2004): Portabilität bringt keine Erleichterung. In: Personalmagazin (2004), H. 12, S. 48-49.

GALANTER, EUGENE; PLINER, PATRICIA (1974): Cross-Modality Matching of Money Against Other Continua. In: Moskowitz, Howard R.; Scharf, Bertram; Stevens, Joseph C. (Hrsg.): Sensation and Measurement. Dordrecht 1974, S. 65-76.

GEBAUER, SABINE (2005): Renteninformation. Resumee nach Erstversand. In: Mitteilungen der bayerischen Landesversicherungsanstalten (2005), H. 3, S. 105-130.

GESELLSCHAFT FÜR VERSICHERUNGSWISSENSCHAFT UND -GESTALTUNG (2004, Hrsg.): Perspektiven einer verbesserten Vorsorgeinformation in der Alterssicherung. Köln 2004 (Informationsdienst 299).

HEIEN, THORSTEN; KORTMANN, KLAUS (2003): Repräsentative Erhebung zu Vorsorgesituation und -verhalten der 30- bis 50-Jährigen in Deutschland. Methodenbericht (Wellen 1/2), Bertelsmann Stiftung Vorsorgestudie 19, Gütersloh 2003.

HELSON, HARRY (1964): Adaption-Level Theory. New York 1964.

HEWITT ASSOCIATES (2005): Survey Findings: Hot Topics in Retirement 2005. o.O. 2005.

INSINGA, RALPH (1998): Financial Education in the Workplace and Household Savings in Retirement. In: Stanford Economics Journal 4 (1998), S. 27-48.

JAKLIN, PHILIPP; PACHE, TIMO (2002): SPD prüft verpflichtende Zusatzrente. In: Financial Times Deutschland vom 5. Dezember 2002, S. 13.

JUCHUM, GERHARD (2004): Stand der Gesetzgebung. In: Verbraucherzentrale Bundesverband (Hrsg.): Riester-Rente: Top oder Flop? Anforderungen an eine zukunftsfähige Altersvorsorge. Dokumentation der Tagung vom 4. November 2003. Berlin 2004, S. 37-43.

KAHNEMAN, DANIEL; TVERSKY, AMOS (1979): Prospect Theory: An Analysis of Decision under Risk. In: Econometrica 47 (1979), S. 263-291.

KVISTGAARD, LEIF (2002): Danish Pensions on the Internet. Präsentation auf der „International Conference on Information Technology in Social Security" der ISSA vom 14.-16. Oktober 2002 in Valencia, verfügbar im Internet unter http://www.issa.int.

LAIBSON, DAVID I., REPETTO, ANDREA; TOBACMAN, JEREMY (1998): Self-Control and Saving for Retirement. In: Brookings Papers on Economic Activity (1998), S. 91-196.

LEINERT, JOHANNES (2005): Altersvorsorge: Wie kann freiwilliges Vorsorgesparen gefördert werden? Eine ökonomische Analyse. Baden-Baden 2005 (im Erscheinen).

LEINERT, JOHANNES (2004): Automatische Entgeltumwandlung: Hohe Teilnahmequoten ohne Zwang. In: Wirtschaftsdienst 84 (2004), S. 98-104.

LEINERT, JOHANNES (2003): Altersvorsorge 2003: Wer hat sie, wer will sie? Private und betriebliche Altersvorsorge der 30- bis 50jährigen in Deutschland, Bertelsmann Stiftung Vorsorgestudie 18, Gütersloh 2003.

LEINERT, JOHANNES (2002): Die Riester-Rente: Wer hat sie, wer will sie? Vorabauswertung einer repräsentativen Umfrage zum Vorsorgeverhalten der 30- bis 50-Jährigen, Bertelsmann Stiftung Vorsorgestudie 14, Gütersloh 2002.

LORITZ, KARL-GEORG (2001): Risiken für Arbeitgeber bei den geplanten kapitalgedeckten Altersvorsorgemodellen und bei sonstigen Investitionen der Arbeitnehmer außerhalb der arbeitsrechtlichen Leistungsbeziehungen. In: Zeitschrift für Arbeitsrecht 32 (2001), H. 2, S. 183-203.

MADRIAN, BRIGITTE C.; SHEA, DENNIS F. (2000): The Power of Suggestion: Inertia in 401(k) Participation and Savings Behavior, National Bureau of Economic Research Working Paper 7682, Cambridge MA 2000.

MIEGEL, MEINHARD; WAHL, STEFANI; HEFELE, PETER; (2002) Lebensstandard im Alter- Warum Senioren in Zukunft mehr Geld brauchen, hrsg. vom Deutschen Institut für Altersvorsorge (DIA), Köln

O‘ DONOGHUE, TED; RABIN, MATTHEW (1999): Doing it Now or Later. In: American Economic Review 89 (1999), S. 103-124.

o.V. (2005): Müntefering erwägt Pflichtversicherung. In: Süddeutsche Zeitung vom 26. Januar 2003, S. 6.

o.V. (2004): Langlebigkeit kostet Versicherer Milliarden. In: FAZ vom 17. Juni 2004, S. 21.

o.V. (2004a): Schmerzhafte Renditeabschläge für Lebensversicherte. In: FAZ vom 17. Juni 2004, S. 21.

o.V. (2003): NRW-CDU will Pflicht zu privater Altersvorsorge. In: Süddeutsche Zeitung vom 10. November 2003, S. 6.

POHL, DETLEF (2005): Arbeitgeber haftet für Zillmerung. In: Versicherungsjournal vom 2.8.2005, verfügbar im Internet unter www.versicherungsjournal.de.

PURCELL, PATRICK (2004): Automatic Enrollment in Section 401(k) Plans. o.O. 2004 (Congressional Research Service Report for Congress, Order Code RS21954).

RABIN, MATTHEW (1998): Psychology and Economics. In: Journal of Economic Literature 36 (1998), S. 11-46.

REIFNER, UDO; TIFFE, ACHIM; TURNER, ANKE (2003): Vorsorgereport. Private Alterssicherung in Deutschland, hrsg. von der Bertelsmann Stiftung. Gütersloh 2003.

ROWLINGSON, KAREN (2002): Private Pension Planning: The Rhetoric of Responsibility, The Reality of Insecurity. In: Journal of Social Policy 31 (2002), S. 623-642.

RÜRUP-KOMMISSION (2003): Nachhaltigkeit in der Finanzierung der sozialen Sicherungssysteme. Bericht der Kommission, hrsg. vom Bundesministerium für Gesundheit und Soziale Sicherung. Berlin 2003.

SKINNER, CHRISTINE; FORD, JANET (2000): Planning, Postponing or Hesitating: Understanding Financial Planning. York 2000.

SOZIALBEIRAT (2004): Gutachten des Sozialbeirats zum Rentenversicherungsbericht 2004. o.O. 2004.

STROTZ, ROBERT. H. (1955): Myopia and Inconsistency in Dynamic Utility Maximization. In: The Review of Economic Studies 23 (1955), S. 165-180.

THALER, RICHARD H. (1994): Psychology and Savings Policy. In: American Economic Review Papers and Proceedings 84 (1994), S. 186-192.

THALER, RICHARD H.; BENARTZI, SHLOMO (2001): Save More Tomorrow: Using Behavioral Economics to Increase Employee Saving. Working Paper, August 2001, verfügbar im Internet unter http://gsbwww.uchicago.edu.

THE PROFIT SHARING/401(K) COUNCIL OF AMERICA (o. J., Hrsg.): Automatic Enrollment 2000. A Study of Automatic Enrollment Features in 401(k) Plans. Chicago o. J.. Verfügbar im Internet unter http://www.psca.org.

THE PROFIT SHARING / 401(K) COUNCIL OF AMERICA (o.J.a, Hrsg.): Automatic Enrollment 2001. A study of automatic enrollment practices in 401(k) plans. Chicago o.J.. Verfügbar im Internet unter http://www.psca.org.

THE VANGUARD CENTER FOR RETIREMENT RESEARCH (2001, Hrsg.): Automatic Enrollment: Benefits and Costs of Adoption. Valley Forge PA 2001.

THE VANGUARD CENTER FOR RETIREMENT RESEARCH (2001A, Hrsg.): Automatic Enrollment: Vanguard Client Experience. Valley Forge PA 2001.

WEBER, AXEL (2004): Eigenvorsorgekonto zur Stärkung der Altersvorsorge in Deutschland. In: Rheinischer Merkur vom 10.6.2004, Sonderbeilage.

Deutsches Institut für Altersvorsorge

Impulse für die Zukunft geben

Private Altersvorsorge als zentrales Thema der Gesellschaft wird in Zukunft noch stärker an Bedeutung gewinnen. Denn immer mehr Rentner müssen von immer weniger Beitragszahlern in der gesetzlichen Rentenversicherung versorgt werden. Das führt zu Einbußen im Lebensstandard, wird die private und betriebliche Altersvorsorge nicht deutlich verstärkt.

Analysieren, informieren, diskutieren

Das Deutsche Institut für Altersvorsorge will hier konstruktive Beiträge leisten durch Studien und Projekte mit klaren, verständlichen und fundierten Informationen.

Der wissenschaftliche Schwerpunkt liegt in Beobachtung, Analyse und Fortentwicklung staatlicher und privater Systeme zur finanziellen Altersvorsorge sowie Erforschung der Einstellung der Bevölkerung zur Altersvorsorge. Die Ergebnisse werden mit Experten diskutiert und in Form von Büchern für die interessierte Öffentlichkeit publiziert. Ziel des Instituts ist es also, Chancen und Risiken der Altersvorsorge bewusst zu machen und die private Initiative zu fördern.

Im Verbund der Deutsche Bank- und Zürich-Gruppe

Gesellschafter des Instituts sind die Deutsche Bank AG, Deutsche Bank Bauspar AG, DWS Investment GmbH und Deutscher Herold AG. Kooperationspartner: Deutsche Bank Privat- und Geschäftskunden AG.

Neutral und unabhängig

Das Institut arbeitet neutral und versteht sich in erster Linie als objektiver Informant der Medien und der Bevölkerung. Es arbeitet unabhängig von Marketing- und Vertriebsaktivitäten seiner Gesellschafter.

Deutsches Institut für Altersvorsorge

Berater des Instituts

Prof. Dr. Meinhard Miegel, Bonn (Wissenschaft und Forschung)

Ansprechpartner

Bernd Katzenstein (Projektkoordinator und Sprecher des Instituts)
Werner Janzen, Frankfurt (Geschäftsführer)
Karl-Heinz Buchholz, Köln (Geschäftsführer)

Deutsches Institut für Altersvorsorge GmbH

Hohenstaufenring 29 – 37 · 50674 Köln
Telefon: (0221) 92394-0 · Telefax: (0221) 92394-9
www.dia-vorsorge.de · E-Mail: info@dia-vorsorge.de